T0324215

Was treibt die Digitalisierung?

Ferri Abolhassan

Was treibt die Digitalisierung?

Warum an der Cloud kein Weg vorbeiführt

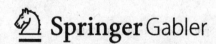 Springer Gabler

Herausgeber
Ferri Abolhassan
T-Systems International GmbH
Saarbrücken, Deutschland

ISBN 978-3-658-10639-3   ISBN 978-3-658-10640-9 (eBook)
DOI 10.1007/978-3-658-10640-9

Die Deutsche Nationalbibliothek verzeichnet diese Publikation in der Deutschen Nationalbibliografie; detaillierte bibliografische Daten sind im Internet über http://dnb.d-nb.de abrufbar.

Springer Gabler
© Springer Fachmedien Wiesbaden 2016

Redaktion: Gina Duscher, Gerd Halfwassen, Annette Spiegel, Beatrice Gaczensky, Thomas van Zütphen

Gedruckt auf säurefreiem und chlorfrei gebleichtem Papier

Springer Fachmedien Wiesbaden ist Teil der Fachverlagsgruppe Springer Science+Business Media
(www.springer.com)

Geleitwort

Das wertvollste Unternehmen aller Zeiten ist Apple. Ein Technologie-Konzern mit einem Börsenwert von mehr als 700 Milliarden Dollar (vgl. AFP, Bloomberg, dgw 2014). Zugleich ist Apple auch die wertvollste Marke der Welt – und damit das prominenteste Beispiel für einen Befund, der längst viel mehr als ein Trend ist: Erfolgreiche Unternehmen sind heute digitalisierte Unternehmen. Sie mischen globale Märkte auf und überholen dabei mit rasanter Geschwindigkeit auch hundertjährige Traditionsunternehmen. Umgekehrt gilt: Kein Unternehmen wird von dieser Entwicklung unberührt bleiben. Kein Geschäftsmodell, das nicht auf den Prüfstand kommt – weil es von neuen, oft sehr jungen Wettbewerbern herausgefordert wird.

Alles, was digitalisiert werden kann, wird digitalisiert. Und alles, was vernetzt werden kann, wird auch vernetzt. Das betrifft Menschen, Maschinen und Produkte gleichermaßen. Die Software wird dabei immer mehr zum entscheidenden Produktionsfaktor, weil all diese vernetzten Maschinen gesteuert und die digitalen Daten gespeichert, verarbeitet und sinnvoll analysiert werden müssen. Erfolgreiche Unternehmen sind darum heute immer auch „Software-Unternehmen" – oder müssen dazu werden. Und die Heimat der Software ist die Cloud.

Digitalisierung ist Pflichtprogramm

Was diese Entwicklung für Unternehmenslenker heute bedeutet – egal ob sie an der Spitze eines Start-ups oder eines Traditionsunternehmens sitzen –, dazu will dieses Buch wichtige Anstöße geben. Eines ist jedenfalls klar: Digitalisierung ist längst die wesentliche Basis für Wachstum im Unternehmen. Mehr noch: Europas zukünftiger Wohlstand hängt vom Erfolg der Digitalisierung ab. Bislang haben die größten digitalen Erfolgsgeschichten allerdings überwiegend in den USA und in Asien stattgefunden. Hier dürfen Europa und insbesondere Deutschland nicht den Anschluss verlieren. Wir haben gute Chancen als klassische Industrienation und Land des Wirtschaftswunders. Aber wir müssen sie auch ergreifen. Und zwar jetzt.

Einige Grundsteine für diesen Erfolg sind bereits gelegt: Schon im Jahr 2012 wurde in Deutschland durch die Digitalisierung ein Wachstumsimpuls von rund 145 Milliarden Euro ausgelöst (vgl. Bitkom 2014). Einige Unternehmen haben die Chance Digitalisierung also frühzeitig für sich genutzt. Ein Beispiel ist das deutsche Versandhandelsunternehmen Otto. Das Traditionshaus hat es dank digitaler Transformation vom klassischen Katalogversand zum größten deutschen Online-Händler für Lifestyle-Produkte geschafft. Otto verkauft im Netz zudem mehr Möbel als IKEA (vgl. dpa 2015). Ein weiteres digitales Erfolgsmodell ist die ING-DiBa. Ohne eine einzige stationäre Filiale gelang dem Geldinstitut mit heute mehr als acht Millionen Kunden der Sprung zur mit Abstand größten deutschen Direktbank (vgl. Frühauf 2014) und drittgrößten Privatkundenbank in Deutschland.

Es gibt sie also, die erfolgreichen digitalen Geschäftsmodelle. Dennoch kann das erst der Anfang sein. Die Unternehmensberatung Roland Berger prognostiziert bis 2025 in Deutschland ein zusätzliches kumuliertes Wertschöpfungspotenzial von 425 Milliarden Euro, wenn der Industrie die Digitalisierung gelingt. Für ganz Europa kommen die Forscher sogar auf 1,25 Billionen Euro. Aber sie weisen auch auf die Gefahr verpasster Chancen hin: Potenzielle Einbußen durch das Misslingen der digitalen Transformation könnten sich europaweit auf bis zu 605 Milliarden Euro belaufen (vgl. Kurzlechner 2015). Das gilt es zu verhindern.

Das Bewusstsein dafür, dass jetzt entscheidende Weichen gestellt werden müssen, ist bei vielen Managern vorhanden. Fast jedes zweite deutsche Unternehmen richtet sich darauf ein, dass neue Technologien künftig das eigene Geschäftsmodell infrage stellen werden (vgl. Ernst & Young 2015). Und es stimmt: Die Digitalisierung erfordert ein Überdenken aktueller Geschäftsmodelle, mindestens aber deren Weiterentwicklung. Digitalisierung kann aber auch völlig neue, disruptive Ansätze hervorbringen. Gemeinsam sind vielen erfolgreichen jungen Unternehmen dabei die konsequente Ausrichtung auf den Kundennutzen und der Einsatz überlegener Software-Plattformen, mit denen sie sehr schnell sehr viele Kunden gewinnen. So wurde etwa Airbnb zum größten Hotelanbieter ohne ein einziges eigenes Bett. Oder Uber zum größten Taxiunternehmen ohne ein eigenes Auto.

Digitalisierung ist Chefsache

Die Beispiele zeigen noch etwas: Das Tempo, mit dem ein Unternehmen auf neue Anforderungen reagieren muss, nimmt immer weiter zu. Einst betrug die durchschnittliche Lebenserwartung von Unternehmen 75 Jahre, heute sind es nur noch 15 (vgl. Hagel III 2010). Und immer öfter wird eine fehlende Digitalisierungsstrategie zum K.-o.-Kriterium. Nehmen wir Kodak: Früher hatte der Kamera- und Foto-Spezialist 140.000 Mitarbeiter und erwirtschaftete einen jährlichen Umsatz von rund 28 Milliarden Dollar. Kodak verpasste den digitalen Wandel und musste schließlich sogar Insolvenz anmelden. Parallel dazu wurde ein Softwareunternehmen namens Instagram zur größten Tauschbörse von digitalen Bildern – mit gerade einmal 13 Mitarbeitern. Als Instagram 2012 an Facebook verkauft wurde, lag der Preis bei einer Milliarde Dollar (vgl. Thun 2014).

Digitalisierung ist also kein reines IT-Thema. Es hat strategische und geschäftskritische Bedeutung. Schon heute gilt darum: Sobald es um die Digitalisierung von Produktionsabläufen geht – also um sogenannte „Industrie 4.0"-Anwendungen –, kümmert sich maßgeblich die Geschäftsführung oder der Vorstand um das Thema (vgl. Bitkom 2015). Digitalisierung wird also zur Chefsache – und das ist auch notwendig.

Das gilt im Übrigen für Großunternehmen genauso wie für den Mittelstand, das Rückgrat der deutschen Industrie. So sieht Bundeskanzlerin Angela Merkel das Thema bei vielen Mittelständlern noch nicht tief genug verankert (vgl. Fietz 2015). Und auch sie betont: Es reicht nicht, IT-Beauftragte zu ernennen, der Anstoß muss aus der Chefetage kommen. Das ist richtig, schließlich ist es der CEO, der sein Unternehmen agil ausrichten muss, um Veränderungen zu antizipieren und schnell darauf reagieren zu können. Der CEO muss die Rahmenbedingungen für die Digitalisierung schaffen – damit die IT-Abteilung die neuen Anforderungen überhaupt stemmen kann.

Digitalisierung braucht die Cloud

Schnelligkeit und Agilität bei der Einführung neuer Produkte und Prozesse sind also Trumpf. Die technologische Basis dafür ist Cloud Computing. Denn erst die Cloud ermöglicht die hohe Geschwindigkeit, die in Zeiten der Digitalisierung gefordert ist. Sie macht die dafür notwendigen Services schneller, flexibler und sicherer verfügbar.

Die Frage ist also längst nicht mehr, *ob* das Thema Cloud Platz in der Unternehmensstrategie hat –, sondern vielmehr, in welcher Form und in welchem Umfang. Der natürliche Partner dabei sind integrierte ITK-Provider. Denn Cloud Computing erfordert technologische Grundlagen und Beratungskompetenz zugleich – also „Hardware" *und* „Software", wenn man so will. Dazu gehört unabdingbar ein starkes Breitbandnetz in Festnetz und Mobilfunk, möglichst länderübergreifend, pan-europäisch und All-IP. Dazu gehört IT-Security „Made in Germany", gehostet in hochsicheren Rechenzentren. Dazu gehört aber eben auch ein ausgereiftes IT-Qualitätsmanagement, das in der digitalen Welt unabdingbar ist – gekoppelt mit einschlägiger Transformationserfahrung.

Jedes Unternehmen bringt schließlich andere Voraussetzungen mit, hat unterschiedliche Zielsetzungen – die immer wieder an die Marktbedingungen angepasst werden müssen. Der ITK-Partner wird dabei sozusagen zum „Architekten der digitalen Zukunft" eines Unternehmens.

Digitalisierung braucht Vertrauen

Eine Hürde müssen wir allerdings noch nehmen: Heute sagt noch mehr als ein Drittel aller Deutschen, sie hätten vor allem Angst vor der Digitalisierung. Lediglich für die Generation der unter 45-Jährigen überwiegen die Chancen (vgl. Dörner, Camrath, Preuschat 2014). An dieser Stelle sind die Unternehmer, die IT-Dienstleister und Politiker gefragt. Wir müssen durch unsere Arbeit Vertrauen schaffen und immer wieder deutlich machen, welche Möglichkeiten die Digitalisierung bietet.

Wesentliche Bedingung dafür ist der sensible Umgang mit Daten. Daten sind der Rohstoff der digitalen Ökonomie. Nun gilt es, die anfallenden Datenmengen zu beherrschen und sie effizient zu nutzen – aber *für* die Menschen, nicht *gegen* sie. Datensicherheit und Datenschutz müssen daher immer oberste Priorität haben.

Deutschland genießt durch das strenge Datenschutzniveau hierzulande einen großen Standortvorteil. Den sollten wir nutzen. Es ist gut zu sehen, dass auch Europa inzwischen auf dem Weg ist, eine staatenübergreifende Datenschutzgrundverordnung zu schaffen. Unlängst haben sich die europäischen Innen- und Justizminister auf eine Reform der Datenschutzregeln in Europa verständigt. Das wird der Etablierung einheitlicher Standards einen deutlichen Schub verleihen. Genau das hatten wir immer wieder gefordert, weil es eine wichtige Basis für gemeinsame und sichere digitale Plattformen in Europa ist. So können wir ein echtes Gegengewicht zu den starken Wirtschaftsregionen USA und Asien schaffen.

Das vorliegende Buch vermittelt aus verschiedenen Perspektiven Einblicke, wie Unternehmen der Einstieg in die Digitalisierung gelingt, welche Faktoren dabei erfolgskritisch sind und welches Potenzial die Cloud bietet. Konkrete Praxisbeispiele verdeutlichen, wie deutsche und europäische Unternehmen mit den richtigen Partnern die bevorstehende zweite Phase der industriellen Digitalisierung maßgeblich bestimmen können.

Es geht um die Zukunft der deutschen und europäischen Wirtschaft. Unsere Voraussetzungen sind gut: Deutschland ist eine Industrienation – mit einem hervorragenden Ruf als Ausrüster der Welt. Jetzt gilt es, unsere Expertise im Maschinen- und Anlagenbau sowie unser Verständnis von Qualität mit den Vorteilen der Digitalisierung zu verbinden. Die Technologien dafür haben wir. Wir müssen sie nur konsequenter einsetzen.

Das Spiel ist eröffnet – bringen wir den Ball ins Rollen.

Bonn, November 2015
Tim Höttges,
Vorstandsvorsitzender Deutsche Telekom AG

Literatur

AFP/Bloomberg/dgw (2014): Apple ist das wertvollste Unternehmen aller Zeiten. In: welt. de. http://www.welt.de/finanzen/boerse/article134722868/Apple-ist-das-wertvollste-Unternehmen-aller-Zeiten.html. Zugegriffen: 27.07.2015.

Bitkom (2014): Digitalisierung schafft rund 1,5 Millionen Arbeitsplätze. http://www. bitkom.org/de/markt_statistik/64054_78573.aspx. Zugegriffen: 27.07.2015.

Bitkom (2015): Industrie 4.0 ist Chefsache. http://www.bitkom.org/de/presse/8477_82244. aspx. Zugegriffen: 27.07.2015.

dpa (2015): Otto Group setzt auf Digitalisierung – Hohe Investitionen. In: focus.de. http://www.focus.de/finanzen/news/handel-otto-group-setzt-auf-digitalisierung-hohe-investitionen_id_4485602.html. Zugegriffen: 27.07.2015.

Dörner, Stephan; Camrath, Jörgen; Preuschat, Archibald (2014): 39 Prozent der Deutschen haben Angst vor Digitalisierung. In: wsj.de Blogs. http://blogs.wsj.de/wsj-tech/2014/02/18/digitalisierung-umfrage/. Zugegriffen: 27.07.2015.

Ernst & Young (2015): Digitalisierung: Wer investiert und profitiert – wer verliert? http://www.ey.com/DE/de/Newsroom/News-releases/20150316-EY-News-Deutsche-Unternehmen-im-Digitalisierungsdilemma. Zugegriffen: 27.07.2015.

Fietz, Martina (2015): Merkel ermahnt Technologie-Feinde: Keine Angst vor Big Data. In: focus.de. http://www.focus.de/politik/deutschland/kongress-des-cdu-wirtschafts-rates-bundeskanzlerin-merkel-warnt-big-data-nicht-als-bedrohung-anzusehen_id_4739542.html. Zugegriffen: 27.07.2015.

Frühauf, Markus (2014): Direktbanken müssen ihre Kräfte bündeln. In: faz.net. http://www.faz.net/aktuell/wirtschaft/wirtschaftspolitik/finanzinstitute-direktbanken-muessen-ihre-kraefte-buendeln-13076763.html. Zugegriffen: 27.07.2015.

Hagel III, John (2010): Running Faster, Falling Behind: John Hagel III on How American Business Can Catch Up. http://knowledge.wharton.upenn.edu/article/running-faster-falling-behind-john-hagel-iii-on-how-american-business-can-catch-up/. Zugegriffen: 27.07.2015.

Kurzlechner, Werner (2015): Wucht von Industrie 4.0 wird unterschätzt. In: cio.de. http://www.cio.de/a/print/wucht-von-industrie-4-0-wird-unterschaetzt,3107422. Zuge-griffen: 27.07.2015.

Thun, Melanie (2014): Internetguru warnt vor Gefahren von Big Data. In: ndr.de. https://www.ndr.de/nachrichten/netzwelt/Internetguru-warnt-vor-Gefahren-von-Big-Data,lanier103.html. Zugegriffen: 27.07.2015.

Website der ING-DiBa: https://www.ing-diba.de/ueber-uns/unternehmen/. Zugegriffen: 27.07.2015.

Autor

 **Timotheus Höttges** ist seit Januar 2014 Vorstandsvorsitzender der Deutschen Telekom AG. Zuvor verantwortete er ab 2009 als Mitglied des Konzernvorstands das Ressort Finanzen und Controlling. Von Dezember 2006 bis 2009 leitete Höttges im Konzernvorstand den Bereich T-Home, wo er für das Festnetz- und Breitbandgeschäft sowie den integrierten Vertrieb und Service in Deutschland zuständig war. Von 2005 bis zu seiner Berufung in den Konzernvorstand war Höttges im Vorstand der T-Mobile International für das Europageschäft zuständig. Von 2000 bis Ende 2004 war er Geschäftsführer Finanzen und Controlling und später Vorsitzender der Geschäftsführung T-Mobile Deutschland.

Höttges arbeitete nach seinem Studium der Betriebswirtschaftslehre an der Universität zu Köln drei Jahre in einer Unternehmensberatung. Ende 1992 wechselte er zum VIAG Konzern in München, wo er seit 1997 als Bereichsleiter, später als Generalbevollmächtigter für Controlling, Unternehmensplanung sowie Merger und Acquisitions verantwortlich war. Als Projektleiter war er maßgeblich an der Fusion von VIAG AG und VEBA AG zur E.ON AG beteiligt.

Inhaltsverzeichnis

Digitalisierung als Ziel – Cloud als Motor

Ferri Abolhassan

Könnten geschätzt bis zu 85 Millionen Haustierbesitzer in ganz Europa gleichzeitig über eine App die Aktivität ihrer Haustiere tracken? Wie könnten intelligente Pillen mehr als 26 Millionen chronisch Kranke (vgl. Deutsche Stiftung für chronisch Kranke 2015) – allein in Deutschland – nach ihrem jeweiligen Bedarf medizinisch besser therapieren? Wie kommt ein Feuerwehrmann jederzeit und unmittelbar an einsatzrelevante Informationen – Gebäudepläne, Hydrantenpositionen, interaktive Wegbeschreibungen –, damit er ohne Umwege am Ort des Geschehens Menschenleben retten kann? Wie können mehr als 100.000 Mitarbeiter eines globalen Unternehmens über lokale IT-Hürden und zugleich Landesgrenzen hinweg effizient zusammenarbeiten? Die Szenarien könnten unterschiedlicher nicht sein. Aber sie haben etwas Wesentliches gemeinsam: Sie funktionieren nur mit der Cloud.

1.1 Cloud kann's

Cloud ist die Basis für digitalisierte Geschäftsmodelle und -prozesse, wie sie Unternehmen in Zukunft prägen werden. Denn alles wird mit allem vernetzt: Studien zufolge künftig mehr als 200 Milliarden Devices (vgl. Kremp 2014). Diesen Anforderungen muss eine Technologie erst einmal stabil und zuverlässig standhalten. Die Cloud kann das. Internet of Things, Industrie 4.0, die Vernetzung von Dingen: Praktisch keins der aktuellen Innovationsthemen der Branche ist von Unternehmen ohne das Tempo und die Skalierbarkeit der Cloud zu bändigen. Sie ist Rückgrat und Intelligenz der gesamten Digitalisierung. Sie sorgt für mehr Speicher- und Datenanalysekapazität. Riesige Datenmengen lassen sich in Echtzeit zentral sammeln und auswerten – und das für praktisch unbegrenzte Userzahlen. Allerdings nur unter folgenden Voraussetzungen: schnellen und leistungsfähigeren Breitbandverbindungen und einer ebenso hochperformanten wie sicheren Rechenzentrumsleistung – idealerweise unter deutschem Datenschutz und deutscher Datensicherheit – mit maximaler Flexibilität und Skalierbarkeit.

Wie in diesem Sinne die Leistung der Cloud tatsächlich revolutionär ist, macht ein genauerer Blick auf die Beispiele oben deutlich. Denn sie zeigen eines: Vom Consumer über Medizin sowie öffentliche Sicherheit bis hin zu Großunternehmen und Industrie – digitalisierte Prozesse sind inzwischen überall angekommen.

– *Beispiel 1* – Rundum-sorglos-Paket für den besten Freund des Menschen: Die Hunde-App „Tail" hilft Hundebesitzern, ihren Vierbeiner bestmöglich zu verstehen. Sie vereint im Halsband des Tieres eine moderne Tracking- und Sensoriklösung mit einer Anwendung für das Smartphone. So wissen Hundebesitzer immer, wo sich ihr Haustier befindet oder was zu tun ist, damit es ihm gut geht. Für die Verfügbarkeit einer solchen App – und auch zahlreicher anderer Apps, die vollkommen selbstverständlich täglich genutzt werden – sorgt im Hintergrund eine leistungsstarke Cloud-Lösung. Sie kann gegebenenfalls europaweit die Daten von Millionen Haustieren sammeln, auswerten und in Echtzeit für den Haustierbesitzer personalisiert bereitstellen. Ganz unkompliziert – denn die Komplexität liegt für den Anwender völlig unbemerkt in der Cloud im Hintergrund.

– *Beispiel 2* – Einsatzmöglichkeiten, die Leben retten können: Nur ein Beispiel ist die Applikation FireFighterLog. Der schnellste Weg zum Brandort, Gebäudegrundrisse, Standorte von Hydranten oder die Position eingeklemmter Personen – via Cloud erhalten Feuerwehrmänner alle einsatzrelevanten Informationen in Echtzeit auf ihre Wearables und sind damit 60 Sekunden schneller als herkömmliche Notrufsysteme. Oder das Beispiel der intelligenten Pille: Ausgestattet mit einem Chip sendet sie elektronische Impulse, sobald sie den Magensaft berührt. Relevante Daten wie Herzfrequenz oder Schlafzeiten des Patienten werden über ein zusätzliches Sensor-Pflaster an eine App weitergegeben. So hat der Arzt über die Cloud den Gesundheitszustand immer im Blick und kann in Absprache mit dem Patienten dessen Medikamentendosierung in Echtzeit anpassen.

– *Beispiel 3* – Herausforderung Collaboration meistern: Lokale Dokumentenablage und Tausende Gigabyte Daten in Altsystemen – Alltag in vielen Großunternehmen. Auf Dauer aber definitiv keine probate Lösung, um flexibel zu bleiben und effizient über Landesgrenzen hinweg zu arbeiten. Mit der Cloud hingegen erlangt selbst ein weltweit tätiges Fortune-500-Unternehmen die notwendige Agilität. Sie ermöglicht die schnelle und reibungslose Kommunikation unter mehreren Zehntausend Mitarbeitern sowie den Sofortzugriff auf das kontinuierlich ansteigende Volumen businessrelevanter Daten und Applikationen.

Die Liste der Beispiele, die die Relevanz und Möglichkeiten der Cloud-Technologien verdeutlichen, ließe sich beliebig erweitern. Und ausnahmslos immer ist die Cloud Basis für digitales Wachstum, neue Geschäftsmodelle und Innovationskraft, die unsere Wirtschaft und Gesellschaft gleichermaßen brauchen.

Spätestens jetzt fordert die digitale Transformation von Unternehmen den konsequenten Wandel hin zu vollständig vernetzten Organisationen. Ganze Prozess- und Lieferketten werden eng miteinander verzahnt, zwischen Unternehmen, Partnern, Lieferanten und Kunden. So entstehen komplett neue Wertschöpfungsnetzwerke sowie flexiblere, schnellere und zielgerichtete Produkte und Services.

1.2   Heute wissen, was der Kunde morgen will

Agilität und Schnelligkeit sind wichtiger denn je. Denn der internationale Wettbewerb um die Gunst des Konsumenten ist so stark wie noch nie: Wer Kunden gewinnen, überzeugen und an sich binden möchte, muss ihnen eine einzigartige Customer Experience bieten. Das geht so weit, dass Unternehmen heute antizipieren müssen, was Kunden morgen wollen, und auf ihre Wünsche reagieren, noch bevor der Kunde sie äußert. So ermöglichen Big-Data-Technologien inzwischen ein hyperpersonalisiertes, exakt auf die individuellen Bedürfnisse eines Konsumenten zugeschnittenes Online-Shopping – sozusagen die Kombination aus einer technisch basierten Datenanalyse und -auswertung in Echtzeit sowie der individuellen Ansprache (vgl. Zukunftsinstitut 2015).

Aber: Was online gilt, muss auch offline stattfinden – die richtige Kundenansprache hat im Zuge der Digitalisierung eine neue Tragweite erlangt. Beispiel Automobilsektor: Ob bei Volkswagen, BMW oder Daimler – früher ging der Kunde mehrere Male ins Autohaus, um sich vor Ort beraten und Modelle zeigen zu lassen. Kommt er heute zum Autohändler, hat er sich längst online über Ausstattungen und Preise informiert und verfügt über einen deutlichen Wissensvorsprung. Der Verkäufer hat nur noch eine wirkliche Verkaufschance: Sobald der Kunde das Autohaus betritt, muss er ihm den entscheidenden Mehrwert bieten. Mithilfe der IT kann er genau das leisten. Omnichannel-Ansprachen und vernetzte Wertschöpfungsmodelle bieten ganz neue Informationsgrundlagen und damit Interaktionsmöglichkeiten für die Beziehung zwischen Händler und Kunden: Customer-Experience-Management-Lösungen (CEM) erkennen über iBeacons in den Ausstellungsfahrzeugen und der Kunden-App, für welches Modell sich der potenzielle Käufer besonders interessiert. Probefahrten lassen sich ohne Zusatzaufwand sofort buchen und Preise abrufen. Nach dem Fahrzeugkauf schließt sich nahtlos die interaktive Serviceannahme an, die dem Kunden den Wartungs- und Reparaturprozess inklusive Kostenvoranschlag so transparent wie nie zuvor macht. Die Cloud schafft hier die größtmögliche Kundennähe rund um die Uhr.

1.3   „Cloudifizierung" kennt keine (Branchen-)Grenzen

Doch nicht nur im direkten Kundenkontakt ist die Digitalisierung neues unverzichtbares Instrument für die Unternehmen. Die Industrie erlebt eine digitale Durchdringung der gesamten Wertschöpfungskette – von der Konzeption über die Produktentwicklung, die Fertigung, den Transport und die Logistik bis hin zum Vertrieb. Nahezu alle Branchen müssen ihre Geschäftsmodelle und Produkte entsprechend anpassen. Und einmal mehr ist die Cloud der Schlüssel zum Erfolg. Beispiel Hafenlogistik: Wenn etwa ein global bedeutender Hafen an seine Kapazitätsgrenzen stößt, der Containerumschlag sich aber bis 2030 mehr als verdoppeln soll – schon um die eigene Wettbewerbsposition zu halten –, muss die Hafenbehörde ihre Umschlagprozesse optimieren. Digitale Technologien beschleunigen Verkehrs- und Warenströme und verkürzen Umschlag- und Liegezeiten von Containerschiffen. Hafenmanagement, Depot-, Terminal- und Parkraumbetreiber sowie Spediteure können schneller auf die jeweilige Verkehrs- und Infrastruktursituation reagieren.

Oder das Beispiel Lebensmittellogistik: Während Rewe online oder Bringmeister sich im klassischen deutschen Einzelhandel zunehmend Marktanteile durch clevere Services wie Same Day Delivery oder Multichannel-Modelle sichern, stehen die in Übersee erfolgreichen Geschäftsmodelle à la AmazonFresh und eBay Local bereits in den Startlöchern, um den hiesigen Markt zu erobern. Dies zeigt uns zwei Entwicklungen: Nicht länger nur traditionelle Player des Handels versorgen Konsumenten – und Logistiker werden zum Face-to-the-Customer. Mittels Cloud-basierter Apps bestellt, hält der Kunde seine Lebensmittel innerhalb kürzester Zeit in den Händen. Kann er seine Bestellung nicht persönlich in Empfang nehmen, lässt er sie beispielsweise einfach in den Kofferraum seines Autos liefern. Der Supermarkt-Bote bekommt die GPS-Daten des Fahrzeugs auf sein Handy geschickt und erhält über ein hochsicheres Authentifizierungs- und Berechtigungssystem via Cloud einmaligen Zugang zum Kofferraum.

Mithilfe skalierbarer, hochverfügbarer Cloud-Lösungen sind Unternehmen so effizient wie niemals zuvor in der Lage, auf Anforderungen des Marktes zu reagieren. Sie sind innovativer und haben Ressourcen frei für die eigene Wachstumsstrategie. Mit anderen Worten: IT ist das Business und die Cloud der Enabler. Das heißt aber auch: Die Auseinandersetzung mit der Digitalisierung ist ein Muss. Sieben Schwerpunkte geben eine Guideline, um mit ihrem zunehmenden Tempo Schritt zu halten – strategisch, technisch und organisatorisch.

1.3.1   Alles steht und fällt mit digitalisierten Geschäftsmodellen

Kein Geschäftsprozess kommt heute ohne IT aus. Nicht ohne Grund sind bereits sechs der zehn wertvollsten Unternehmen, darunter Apple und Google, IT-Unternehmen bzw. IT-basierte Unternehmen (vgl. Forbes 2015). Die Cloud macht Gründung und Geschäftsmodelle vieler neuer erfolgreicher Unternehmen erst möglich. Und zwar mit gewaltigen Konsequenzen: In der Digitalisierung steckt großes Potenzial für Volkswirtschaften und das Umsatzwachstum von Unternehmen weltweit. So gehen die Experten von McKinsey davon aus, dass Internet-Technologie das Bruttoinlandsprodukt allein in Deutschland im Jahr 2025 um 207 Milliarden Euro – entsprechend fast fünf Prozent – steigern könnte (vgl. Dürand et al. 2014). Voraussetzung dafür ist, dass es der deutschen Wirtschaft gelingt, Standards auf dem Gebiet der Digitalisierung zu setzen und umsatzstarke Geschäftsmodelle zu entwickeln.

Klassische Business-Konzepte „uber-trumpfen"

Dass die digitale Veränderung längst zum Innovationsmotor geworden ist, zeigen auch die Beispiele von Uber, Airbnb oder eBay. Jeder dieser Newcomer setzt mit einem durch und durch digitalen Geschäftsmodell klassische marktbeherrschende Konzerne massiv unter Druck. In jeder Branche müssen die „Großen" künftig noch wachsamer sein, um nicht „ge-ubert" zu werden, wie die Unternehmensberatung Roland Berger (vgl. Roland Berger

2015) diese Entwicklung sehr treffend bezeichnet hat. Denn das Tempo ist hoch. Markt- und Technologieexperten zufolge sind viele Unternehmen den künftigen Herausforderungen nicht gewachsen. Gartner prognostiziert, dass jedes vierte Unternehmen weltweit seine Marktposition bis 2017 verlieren wird – und zwar aufgrund von „digitaler Inkompetenz" (vgl. Gartner 2013). Dies bedeutet aber auch, dass die Mehrheit der Unternehmen die Herausforderungen erfolgreich bewältigen kann. Insofern hat es jeder Marktteilnehmer selbst in der Hand, zu den Gewinnern oder Verlierern der Digitalisierung zu gehören.

Schritt halten kann nur, wer in allen Bereichen Agilität und Schnelligkeit beweist – und auf Basis der Digitalisierung zukunftsweisende Produkte entwickelt. Des „Deutschen liebstes Kind" ist dafür ein Paradebeispiel: Ihre technologische Ausstattung macht Autos heute zu Datacentern auf vier Rädern, wie unter anderem der US-Hersteller Tesla mit seinem Modell S zeigt. Alle Fahrzeugfunktionen werden auf einem zentralen Tablet gesteuert. Internet, Software, Sensorik und Applikationen bilden ein Nervensystem, in dem die Fahrzeugdaten in Hochgeschwindigkeit unterwegs sind. Doch dieses Nervensystem muss auch extrem leistungsfähig sein. Wo herkömmliche Technologielösungen an ihre Grenzen stoßen, sind hochskalierbare, sichere Cloud-Lösungen unverzichtbar geworden, um die quasi explodierenden Datenvolumina zu bändigen sowie stabil, hochverfügbar und vor allen Dingen sicher bereitzustellen. So werden Autos, deren Fahrer temporär mehr PS, zum Beispiel zehn, zwanzig Prozent Motorleistung zusätzlich abrufen – einfach mit einer Softwaresteuerung des Motors über das Internet –, nicht erst 2050 zum Massenprodukt. Entsprechende Lösungen wie „Chip Tuning" wird jeder Autobauer voraussichtlich binnen fünf Jahren im Katalog seiner Services auflisten.

1.3.2   CIO und CEO – ziemlich beste Freunde?

Doch wer sorgt dafür, dass die Digitalisierung auch wirklich im Unternehmen verinnerlicht wird? CIO und CEO müssen die Transformation und Entwicklung digitalisierter, Cloud-basierter Geschäftsmodelle grundlegend vorantreiben. Dazu gehört auch, das Potenzial der Cloud für die Fachabteilungen zu verstehen und zu verdeutlichen. Die Grundlagen sind geschaffen: Aktuell wächst eine neue Generation von IT-Chefs heran, die einen dedizierten Business-Hintergrund mitbringen und die Business-Denke voranstellen. Durch ihre Qualifikationen halten diese CIOs ihrem CEO den Rücken frei, damit dieser sich auf seine Vision für das Unternehmen konzentrieren kann. Der CEO muss zwar die grundlegenden Mechanismen der Technologie verstehen, aber gleichzeitig die potenziellen technischen Hürden ausblenden. Denn diese werden andernfalls zu Scheuklappen für visionäre Business-Szenarien. Der CIO wiederum muss diese Business-Fantasien mitnehmen und auf Umsetzbarkeit prüfen.

Chief Digital Officer – die neuen Kreativitätsbeauftragten?

Transformation zwingt Unternehmen, eine vielfach über Jahre eingefahrene IT auf den neuesten Stand zu bringen. Und das nicht selten im laufenden Betrieb, unter Sicherung höchster Qualitätsstandards und dem Einsatz topqualifizierter Experten. Damit er diese

Herausforderungen stemmt und gleichzeitig die Digitalisierung vorantreibt, werden dem CIO heute zunehmend CDOs zur Seite gestellt. Chief Digital Officers, die häufig einen anderen Werdegang vorweisen und nicht selten aus der digitalen Kreativbranche kommen, bereichern das Team um neue Sichtweisen, Ideen und Lösungen (vgl. König 2014). Der CIO behält am Ende das Heft in der Hand. Denn er ist gefragt, wenn es darum geht, neue Anwendungen und Prozesse sicher und zuverlässig in die Unternehmens-IT zu integrieren.

1.3.3   Zweigleisig fahren

So bleibt Transformation in Richtung Cloud immer eine Medaille mit zwei Seiten: dem laufenden Betrieb und der neuen agilen IT. Neben aller Innovation ist das Brot- und Buttergeschäft der CIOs für die grundlegende Wertschöpfung des Unternehmens unerlässlich. Nur wenn der klassische IT-Betrieb sicher und stabil läuft, sind Unternehmen mit Ausnahme von Start-ups überhaupt in der Lage, auf den Zug der Digitalisierung aufzuspringen. Doch mit einem dualen IT-Betrieb haben angestammte Unternehmen die Chance, dieses Handicap zu kompensieren. Die erforderliche Geschwindigkeit und zusätzliche Agilität liefern digitale Einheiten. Gartner zufolge werden bis 2017 rund drei Viertel aller IT-Organisationen mit einer bimodalen IT – in anderen Worten 2-Speed-IT – arbeiten (vgl. Gartner 2014): traditionelle IT, die sich über die Jahre hinweg im Unternehmen entwickelt hat, und neue agile IT, welche die Anforderungen der Zukunft mittragen kann. Anstatt ihre bestehenden IT-Infrastrukturen und -Prozesse aufwendig und sofort komplett umzubauen, ist es für viele Unternehmen effizienter, parallel innovative digitalisierte Lösungen zu implementieren (vgl. Rimmler 2015). Sie können so ihr Unternehmen sukzessive transformieren.

Perspektivwechsel wagen – die jungen IT-Wilden

Damit diese Transformation gelingt, braucht es Menschen, die digital denken. Eine neue IT-Generation, die businessorientiert und neugierig ist, mit einem komplett anderen Blickwinkel auf Technologien und Prozesse. Sie suchen Wege abseits der etablierten ausgetretenen Pfade und bereichern das Unternehmen durch Risikobereitschaft und Pragmatik. Funktioniert eine Lösung nicht, sind sie mutig genug, die Herangehensweise zu ändern. Ganz nach dem Motto „Kill it fast!". Um größtmöglichen Mehrwert für das gesamte Unternehmen zu schöpfen, sind alle Akteure gefordert, die Eckpunkte ihrer Zusammenarbeit regelmäßig neu zu definieren.

1.3.4   You Never Walk Alone – Seite an Seite auf dem Weg in die Cloud

Auch weil die Komplexität von Projekten ständig steigt – mitunter schon in einer Ausschreibungsphase –, ist auf Anbieterseite ein Partner wichtig, der diese Flexibilität auf dem Weg zur erfolgreichen Transformation mitgehen kann. Grundsätzlich verfügt ein externer

IT-Dienstleister nicht nur über neue Sichtweisen auf Geschäftsprozesse und IT-Strukturen. Er bringt auch umfangreiches Know-how mit, hat bereits zahlreiche exzellente Cloud-Lösungen implementiert und ist im Idealfall gewohnt, aus Sicht aller Akteure zu denken und zu arbeiten. Nur so wird er als Partner agieren, der dem Kunden einen wirklichen Mehrwert bietet sowie das passende Cloud-Modell je nach individueller Anforderung empfiehlt und umsetzt.

In diesem Sinne sollte ein Provider seinen Kunden ein übergreifendes Plattform-Angebot von Cloud-Services machen können – herstellerunabhängig und schlüssig ineinandergreifend. Darüber hinaus brauchen Provider Transformationserfahrung sowie zwingend Prozess- und Branchenexpertise – und zwar in Projekten jeder Größe. Also auch bei Großkonzernen, die in sensiblen Branchen mit hohen sicherheitskritischen Anforderungen umgehen oder für die Hochverfügbarkeit ein wichtiges Kriterium ist. Auch mit Aufbau und Betrieb hybrider Cloud-Architekturen muss ein IT-Dienstleister vertraut sein, der gegebenenfalls geschäftskritische Prozesse mit verschiedenen Cloud-Diensten verknüpfen soll.

„Einfach, sicher und bezahlbar" forciert die Akzeptanz

Dynamische Bereitstellungsmodelle wie IaaS, PaaS oder SaaS, eingebettet in die IT- und Unternehmensstrategie und zugleich Bestandteil des Qualitäts- und Sicherheitskonzeptes, sind prädestiniert dafür, Säulen der Unternehmens-IT zu werden. Doch dafür müssen sie neben skalierbar auch einfach, sicher und bezahlbar sein sowie der Unternehmens-Compliance entsprechen. Zudem sind die Abläufe, Rollen und Service-Level, immer in enger Kooperation mit den Fachbereichen, auf die Cloud abzustimmen.

Spätestens in diesen Gesprächen muss ein Provider auf die zentralen Fragen der Digitalisierung Antworten haben: Welche Prozesse und Infrastrukturen, aber auch welche Teile der Wertschöpfung sollte ein Unternehmen in die Cloud geben? Welcher Weg dorthin ist der richtige? Wie sieht die Handhabung geschäftskritischer Daten aus? Und was kostet das? – Und dann ist es natürlich auch an ihm, selbst Fragen zu stellen: Fahren Unternehmen eine Bottom- oder Top-Line-Strategie beispielsweise. Wollen sie ihren Ertrag und ihre Effizienz steigern oder eher Wachstum schaffen? (Vgl. Investopedia 2015.) Die Liste ließe sich beliebig fortsetzen. Fest steht: Es gibt keinen Königsweg. Jeder Kunde ist anders, doch die nötige Problemlösungskompetenz ist immer die gleiche: Gefragt ist ein umfassendes Know-how aufseiten des IT-Providers.

1.3.5   Cloud heißt auch: Kooperation mit den Besten der Besten

Um den hohen Anforderungen an die Digitalisierung gerecht zu werden sowie mit den besten Lösungen stets am Puls der technologischen Entwicklung zu bleiben, sind Technologiepartnerschaften unerlässlich. Denn Cloud ist heute auch ein Kooperationsthema. Es geht um das Management komplexer Ökosysteme, das kein IT-Anbieter mehr seriös und umfassend allein stemmen kann. Hierzu braucht es erfahrene Partner, wobei es keine Rolle spielt, in welchem Land oder auf welchem Kontinent diese angesiedelt sind. Wichtig ist einzig und allein, dass die gemeinsam entwickelte Lösung dem Kunden am besten nützt.

Idealerweise hat sich ein IT-Provider dafür über Jahre hinweg ein Cloud-Ökosystem aus marktführenden Technologiepartnern aufgebaut, aus dem er die besten Lösungen identifiziert und orchestriert. Durch die Auswahl des geeigneten Partners mit passender Expertise und passendem Technologieportfolio erhalten Unternehmen genau die Lösung, die ihren Anforderungen optimal entspricht, und profitieren von zusätzlicher Kompetenz in den Bereichen IT-Innovation, Transformation oder Datacenter-Lösungen. Indem der Provider zentral die Fäden des Projekt- und Qualitätsmanagements zusammenhält, kann er als Dreh- und Angelpunkt die unterschiedlichen Bedürfnisse bedienen und das gesamte Wertschöpfungsnetzwerk adressieren. So wünschen sich viele Unternehmen beispielsweise eine Lösung für Endkonsumenten, die sich im Frontend durch Einfachheit und intuitive Bedienbarkeit auszeichnet, gleichzeitig aber auch höchste Sicherheitsstandards im Backend erfüllt.

Erfolgreiche Cloud-Lösungen heben sich dadurch ab, dass sie bei maximaler Kosteneffizienz in bestehende IT-Umgebungen integrierbar sind. Ein guter Provider ist gemeinsam mit seinen Technologiepartnern in der Lage, die Unternehmens- und IT-Prozesse nahtlos aufeinander abzustimmen. Ein zentraler Bestandteil des Partnerprogramms sollte auch eine Einbindung in das Qualitätsmanagement inklusive der Zertifizierung von Partnern sein. Übergreifend kommt es vor allem auf die Kompetenz an sowie auf die offene und agile Gestaltung der Kooperation, um aus Kundensicht immer die beste Lösung zu bieten. Denn letztlich muss der Kunde mit seinen Bedürfnissen jederzeit im Mittelpunkt stehen.

1.3.6   Maximale Performanz durch maximale Sicherheit

In einer Business-Cloud befinden sich die Kronjuwelen des Unternehmens: Kunden- und Produktionsdaten, strategische Inhalte oder auch sensible Kennzahlen. Deshalb können Organisationen zur Sicherung geschäftskritischer Daten und Anwendungen auch nicht ohne Weiteres auf eine Standard-Cloud für Endanwender setzen. Außerdem sollten sie wissen, aus welchen Datacentern ein Provider seine Cloud speist, und sind im Zweifel mit einer auf der Sicherheit deutscher Rechenzentren und deutscher Regularien basierenden Lösung buchstäblich auf der sichereren Seite. Denn das Bundesdatenschutzgesetz ist eines der strengsten Gesetze zur informationellen Selbstbestimmung. Die Nutzung personenbezogener Daten ist per se verboten und bedarf der ausdrücklichen gesetzlichen Erlaubnis oder der Zustimmung des Betroffenen. Im angloamerikanischen Rechtsraum ist es genau umgekehrt. Zusammen mit der US-amerikanischen Gesetzgebung zur Terrorbekämpfung verschaffen sich US-Geheimdienste so Zugang zu persönlichen Daten auch ohne Gerichtsbeschluss. Der USA FREEDOM Act hat im Juli 2015 den USA PATRIOT Act abgelöst. Damit sind die personenbezogenen Daten von US-Bürgern in den Vereinigten Staaten besser geschützt. Für persönliche Daten in ausländischen Rechenzentren hat sich allerdings nichts geändert. Wer seine Daten unter den Schutzschirm deutscher Gesetze stellen will, ist also

nach wie vor bei deutschen Dienstleistern mit Rechenzentren in Deutschland gut aufgehoben.

Die Themen Datensicherheit, Datenschutz sowie Compliance müssen im Rahmen der Digitalisierung zu jeder Zeit Teil des „Big Picture" sein: Daten und Anwendungen müssen
verfügbar gehalten, Informationen vor den unberechtigten Blicken Dritter geschützt und
gesetzliche Rahmenbedingungen berücksichtigt werden. Ganz unabhängig davon, ob es
sich um eine Public oder eine Private Cloud handelt – den Mix, den man zunehmend in
Unternehmen heute findet. Entsprechend länderspezifischen Vorgaben sollten diese Vorgaben fest in der Cloud-Strategie verankert sein (vgl. Experton Group 2015). Ermöglicht
wird dies beispielsweise durch eine anbieterunabhängige Cloud-Verschlüsselung, wobei
die Schlüssel beim Anwenderunternehmen verbleiben.

Zudem verfügt eine Business-kompatible Cloud über ausgeklügelte Abwehrsysteme. Es ist
also Aufgabe des Providers, fortlaufend und präventiv an der Sicherheitsarchitektur zum
Schutz von Infrastruktur und Kundensystemen zu arbeiten. Das heißt, wirkungsvolle IT-
Security lernt ständig dazu, ist niemals statisch und ein ständiger Partner von der allerers-
ten Sekunde an.

1.3.7 Höchste Qualität als Grundlage für IT-Transformation und digitales Wachstum

Je mehr die IT das Funktionieren und Wachsen von Unternehmen bedingt, umso mehr
sind Zuverlässigkeit, Stabilität und Agilität der Systeme erfolgskritisch. Konkret: präven-
tive Maßnahmen wie redundante Technologien einerseits und auf der anderen Seite ein
umfassendes Ende-zu-Ende-Qualitätsmanagement. Mögliche Ausfälle und Schäden in
Milliardenhöhe, Reputationsrisiken und handfester Datenverlust – höchste Qualität im
Sinne von Ausfallsicherheit ist das Nonplusultra und für die meisten Unternehmen als
Kaufkriterium wichtiger als der Preis einer Cloud-Lösung (vgl. PricewaterhouseCoopers
2012).

Fest steht: Eine IT ohne Incidents gibt es nicht. Vielmehr müssen Unternehmen und IT-
Provider gemeinsam an einem Strang ziehen, um Incidents optimal zu managen, zu minimieren sowie höchste Qualität zu gewährleisten. Einer Studie des Beratungshauses Sopra
Steria zufolge hat jedes zweite deutsche Unternehmen keinen Notfallplan für IT-Sicher-
heitsvorfälle (vgl. Sopra Steria 2012). Dies ist nur ein Beispiel für den Nachholbedarf, den
es für mehr Qualität zu bewältigen gilt.

Eine umfassende Qualitätssicherung muss das Zusammenspiel zwischen Mensch und
Technik berücksichtigen. Dafür müssen Technologiepartner vorausschauend arbeiten,
etwaige Probleme frühzeitig antizipieren und die IT dadurch bestmöglich absichern. Service-Level-Agreements tragen dazu bei, höchste Standards in den Prozessen zu definieren.

Daneben darf auch das Notfallmanagement nicht vernachlässigt werden, sollte die IT einmal nicht stabil funktionieren. Das impliziert beispielsweise einen sogenannten Manager on Duty (MoD), der rund um die Uhr als Ansprechpartner im Krisenfall bereitsteht und – anders als Call-Center-Agents – Maßnahmen zur Behebung eines Vorfalls sofort und kompetent koordiniert. Und der, wenn notwendig, auch ohne Umwege das Top-Management einbindet, um Entscheidungen hinsichtlich Budgets und Mittel noch schneller zu treffen. Für reibungslose Abläufe sind demnach klar definierte Ansprechpartner, Prozesse und KPIs unerlässlich. Das spart im Ernstfall wertvolle Zeit und vermeidet Downtimes, Ärger, Kosten.

Ziel ist immer eine hochverfügbare, sichere IT-Infrastruktur sowie kontinuierliche Maßnahmen auf technischer und organisatorischer Ebene, die höchste Stabilität gewährleisten. Dazu ein Plus an Service, um jederzeit eine maximale Kundenzufriedenheit sicherzustellen. Mit anderen Worten: ohne Qualität keine Cloud und ohne Cloud praktisch keine Innovationskraft der Unternehmen.

1.4   Fazit

Digitalisierung und Cloud-basierte Prozesse sind die zentralen Business-Motoren des 21. Jahrhunderts. Als Basis für Geschäftsprozesse etabliert, bieten sie Unternehmen einzigartige Wachstumschancen und Perspektiven, um sich im Wettbewerb zu positionieren und Innovationen voranzutreiben. Die Weichen dafür müssen jetzt gestellt werden – bei der Definition ihrer Business-Strategie wie der Entwicklung zukunftsweisender Geschäftsmodelle. Bei der Rollenverteilung zwischen CEO, CIO und CDO. Bei der Auswahl des richtigen IT-Partners, seines Ökosystems und der Zusammenarbeit mit den Providern. Die essenziellen Faktoren für eine erfolgreiche Digitalisierung sind Qualität, Stabilität und Agilität. Innovative Lösungen selbst sollten IT-Chefs nach den Kriterien Skalierbarkeit, Zuverlässigkeit, Sicherheit, Bezahlbarkeit und Einfachheit konzipieren und umsetzen. Erst wenn diese Punkte verinnerlicht werden, sind Unternehmen für die Zukunft gerüstet und werden von der Digitalisierung spürbar profitieren.

Autor

Dr. Ferri Abolhassan ist Geschäftsführer der T-Systems International GmbH und verantwortlich für die IT Division. Er startete seine berufliche Laufbahn 1987 in der Forschung und Entwicklung bei Siemens in München. Nach einer Station bei IBM in den USA war Abolhassan 1992 bis 2001 in unterschiedlichen Führungsfunktionen bei SAP tätig, unter anderem als Senior Vice President der globalen Geschäftseinheit „Retail and Consumer Products". Danach wechselte er als CEO und Co-Chairman zur IDS Scheer AG. Ab 2005 bekleidete Abolhassan erneut Topmanagement-Positionen bei SAP – zuletzt als Executive Vice President EMEA. 2008 übernahm er die Leitung des Bereichs Systems Integration bei T-Systems und wurde Mitglied der Geschäftsführung von T-Systems. Seit Ende 2010 führte er den Unternehmensbereich Production und leitete ab Januar 2013 die Einheit Delivery, in der die Bereiche Production und Systems Integration zusammengeführt wurden. Im Januar 2015 wurde die Geschäftsführung von T-Systems neu geordnet und in drei Produktsparten gegliedert. Ferri Abolhassan hat die Geschäftsführung der IT Division übernommen. In diesem Bereich sind das gesamte externe IT-Geschäft sowie die P&L-Verantwortung für mehr als 25 Länder mit rund 30.000 Mitarbeitern und 6.000 Kunden gebündelt.

Literatur

Dürand, Dieter; Menn, Andreas; Rees, Jürgen; Voß Oliver (2014): McKinsey-Studie – Diese Innovationen entscheiden über Deutschlands Wohlstand. In: Wiwo.de. http://www.wiwo.de/technologie/forschung/mckinsey-studie-diese-innovationen-entscheiden-ueber-deutschlands-wohlstand-/9867534.html. Zugegriffen: 27.07.2015.

Experton Group (2015): Cloud Vendor Benchmark 2015. http://www.experton-group.de/research/studien/cloud-vendor-benchmark-2015/ueberblick.html. Zugegriffen: 27.07.2015.

Forbes (2015): The World's Most Valuable Brands. http://www.forbes.com/powerful-brands/list/. Zugegriffen: 27.07.2015.

Gartner (2013): Press Release – Gartner Says Digital Business Incompetence Will Cause 25 Percent of Businesses to Lose Competitive Ranking by 2017. http://www.gartner.com/newsroom/id/2598515. Zugegriffen: 27.07.2015.

Gartner (2014): Press Release – Gartner Says CIOs Need Bimodal IT to Succeed in Digital Business. http://www.gartner.com/newsroom/id/2903717. Zugegriffen: 27.07.2015.

Investopedia: Definition of ‚Top Line'. http://www.investopedia.com/terms/t/topline.asp. Zugegriffen: 27.07.2015.

Kremp, Matthias (2014): Internet der Dinge: Kühlschrank verschickte Spam-Mails. In: spiegel.de. http://www.spiegel.de/netzwelt/web/kuehlschrank-verschickt-spam-botnet-angriff-aus-dem-internet-der-dinge-a-944030.html. Zugegriffen: 27.07.2015.

König, Andrea (2014): Was macht ein Chief Digital Officer? In: computerwoche.de. http://www.computerwoche.de/a/was-macht-ein-chief-digital-officer,3067798. Zugegriffen: 27.07.2015.

PricewaterhouseCoopers/pwc (2012): IT-Sourcing-Studie 2012. http://www.pwc.at/presse/2012/pdf/studie-it-sourcing-2012.pdf. Zugegriffen: 27.07.2015.

Rimmler, Margaret (2015): Gartner is right. Enterprises need Bimodal IT (a.k.a 2-Speed IT). http://www.kinvey.com/blog/4160/gartner-is-right-enterprises-need-bimodal-it-a-k-a-2-speed-it. Zugegriffen: 27.07.2015.

Roland Berger (2015): http://www.rolandberger.de/pressemitteilungen/digitale_transformation_in_europa.html. Zugegriffen: 27.07.2015.

Sopra Steria (2012): Pressemitteilung – IT-Ausfall: Unternehmen schlecht für den Notfall vorbereitet. http://www.soprasteria.de/newsroom/pressemitteilungen. Zugegriffen: 27.07.2015.

Website der Deutschen Stiftung für chronisch Kranke: http://www.dsck.de/startseite.html. Zugegriffen: 27.07.2015.

Zukunftsinstitut (2015): Retail Report 2016. Autoren: Janine Seitz, Theresa Schleicher, Jana Ehret; Chefredaktion: Thomas Huber; Herausgeber: Zukunftsinstitut GmbH.

Die Rolle der IT als Enabler für Digitalisierung

Christophe Châlons, Nicole Dufft

Die Digitalisierung der Wirtschaft und der Gesellschaft lässt sich auch als digitale Revolution bezeichnen – mit ähnlich weitreichenden Auswirkungen wie die industrielle Revolution im 19. Jahrhundert.

Diese digitale Revolution hat allerdings viele Gesichter. Im Grunde genommen nahm sie vor 60 Jahren mit den ersten Computern ihren Anfang. Die Datenverarbeitung oder Informationstechnik hat sich dann allmählich in nahezu allen Prozessen und in allen Branchen verbreitet, mit dem Ziel, Prozesse zu automatisieren und effizienter zu gestalten. Die permanente technologische Entwicklung hat diese Evolution maßgeblich unterstützt.

2.1 Die digitale Revolution

Ein essenzieller Schritt fand in den 1990er-Jahren mit den Anfängen und der Verbreitung des Internets sowie des World Wide Web statt. Die Technologien revolutionierten die Kommunikation innerhalb von Unternehmen sowie zwischen Unternehmen und ihren Partnern wie Zulieferern und Auftraggebern. Vor allem aber veränderten sie die Kommunikation zwischen Unternehmen und ihren Endkunden. Insofern wurden mit der Entwicklung des E-Commerce und des E-Business Ende der 1990er-Jahre wesentliche Grundlagen für die heutige Digitalisierung gelegt. Allerdings wurde damals die Informationstechnologie weiterhin vor allem dafür genutzt, bestehende Prozesse wie Logistik, Ein- und Verkauf, Marketing und Kundenpflege zu unterstützen.

Die heutige Digitalisierung geht jedoch einen wesentlichen Schritt weiter: Unternehmen entwickeln heute auf der Basis von Informationstechnologien fundamental neue Geschäftsmodelle, Produkte und Dienstleistungen. IT-Innovationen dienen nicht nur der Unterstützung, sondern der radikalen Neugestaltung von Prozessen und Wertschöpfungsketten. So entstehen neue Wertschöpfungsnetze und die Strukturen und Kräfteverhältnisse ganzer Branchen verändern sich; traditionelle Branchengrenzen verschwimmen.

Beispiele dafür finden sich zuhauf: etwa in der Reisebranche, in der die Reisebüros ihren Mehrwert neu definierten und sich sowohl Transportanbieter wie die Bahn und Fluggesellschaften als auch Hotels und Tourismusveranstalter an die neue Transparenz bei Preisen und Kundenzufriedenheit sowie an die Macht von Portalen wie Booking.com oder Opodo anpassen mussten.

Allerorten entstehen neue, erfolgreiche Unternehmen, während bestehende Unternehmen sich substanziell anpassen müssen oder sogar vom Markt verdrängt werden, weil sie die Veränderung nicht oder zu spät wahrhaben wollen oder es einfach nicht schaffen, ihre Geschäftsmodelle an die neue Konkurrenz von digitalen Firmen und Diensten wie eBay, Facebook, Instagram, Wikipedia, Booking.com, Airbnb, Uber oder Spotify anzupassen.

Wie schnell die Veränderung gehen kann, sieht man übrigens in der Musikindustrie: Vor weniger als zehn Jahren revolutionierte Apple mit iTunes die Branche. Heute führen Streaming-Dienste (wie Spotify, Deezer oder seit Kurzem Apple Music) das Erfolgsmodell iTunes in die Bedeutungslosigkeit, und das nicht nur bei Kindern und Jugendlichen. Apple ist so vom Vorreiter zum Nachahmer geworden.

Und die Veränderungen betreffen nicht nur Konsumentenmärkte (B2C), sondern die Digitalisierung übt auch massiven Einfluss auf B2B-Märkte aus. Geschäftskunden erwarten heute ebenso wie Konsumenten eine personalisierte Interaktion über verschiedene Kanäle online und offline, individualisierte und vernetzte Produkte oder Serviceangebote sowie datenbasierte Dienstleistungen. Damit müssen sich Produkthersteller immer stärker zu Lösungsanbietern entwickeln.

Und die nächsten Umwälzungen stehen vor der Tür: Mit den neuen Technologien im Internet der Dinge werden sich die Geschäftsmodelle in weiteren Branchen wie der Automobilindustrie, dem Maschinen- und Anlagenbau oder der Energieversorgung in den kommenden Jahren massiv verändern.

2.2   Technologische Treiber und Auswirkungen

Die angesprochenen Umwälzungen werden vor allem durch die folgenden technologischen Entwicklungen befeuert:

- *Mobile Technologien*, die den Zugang zu Informationen und damit die Möglichkeiten, zu interagieren oder Entscheidungen zu treffen, zu jeder Zeit und an jedem Ort erlauben.

- *Soziale Medien*, die die Interaktionsmöglichkeiten innerhalb von Unternehmen und mit ihren Kunden und Partnern sowie der breiten Öffentlichkeit massiv verändern.

- *Analytics und Big Data*, die einem Unternehmen ermöglichen – ggf. in Echtzeit –, fundierte Entscheidungen zu treffen und datenbasierte Geschäftsmodelle zu entwickeln.

- *Cloud-Computing-Technologien*, die einen hochflexiblen Zugriff auf Anwendungen und Daten zu vernünftigen finanziellen Konditionen gewährleisten.

– Schließlich bietet das *„Internet of Things" (IoT)* unbegrenzte Möglichkeiten der Interaktion und neue Geschäftsmodelle durch die Vernetzung von Produkten und Sensoren.

Aber natürlich sind es nicht die digitalen Technologien selbst, die zu den eingangs beschriebenen Umwälzungen führen, sondern die wirtschaftlichen Auswirkungen, die sich durch ihr Zusammenspiel ergeben:

So erhöht die Nutzung digitaler Technologien drastisch die Markttransparenz. Nie zuvor hatten Kunden in Echtzeit so viele Informationen über Qualität, Funktionalität, Preise, Alternativangebote oder Kundenservice verfügbar wie heute. Kaufentscheidungen werden immer stärker auch auf Basis der Empfehlungen und Erfahrungen anderer Konsumenten getroffen. Das gilt für Bücher ebenso wie für beratungsintensive Finanzprodukte. Und nie zuvor war es für Kunden einfacher, per Mausklick zu einem alternativen Anbieter zu wechseln. Dabei nutzen Kunden eine immer größere Anzahl an digitalen und nicht digitalen Kanälen, um sich zu informieren, mit Anbietern zu interagieren und ggf. zu kaufen. Sie erwarten ein lückenloses und abgestimmtes Einkaufserlebnis auf allen Kanälen und Geräten (Stichwort Omnichannel) – und darauf abgestimmte Prozesse, zum Beispiel in der Rechnungsstellung und der Logistik.

Kaufentscheidungen werden zudem immer stärker abhängig vom Serviceangebot rund um ein Produkt getroffen. Damit ist der Service häufig wichtiger für die Differenzierung am Markt als das Produkt selbst. Das gilt für vernetzte Sportartikel, die per App die sportlichen Leistungen analysieren, ebenso wie für vernetzte Hausgeräte, die per App gesteuert werden, oder für Maschinen, deren Wartungszustand „remote" analysiert werden kann. Die Vernetzung zwischen Anwendungen und Geräten über IoT-Technologien oder mit anderen Nutzern über soziale Medien spielt für den Mehrwert eines Angebots eine zunehmend wichtige Rolle. Gleichzeitig müssen Produkte nicht mehr notwendigerweise selbst in Besitz genommen, sondern können als Service genutzt werden. Sharing-Modelle gibt es nicht nur für Autos oder Fahrräder, sondern auch für komplexe Maschinen.

Vor allem aber erwarten Kunden heute personalisierte Erlebnisse und Angebote, die auf ihre individuellen Präferenzen zugeschnitten sind. Da sich individuelle Präferenzen jedoch stetig ändern können, müssen Unternehmen in Echtzeit – oder besser noch: vorausschauend – auf Kundenerwartungen oder veränderte Nachfrage reagieren können. Gleichzeitig hat der Preisdruck in fast allen Branchen eher zu- als abgenommen. Individuelle Produkte bei gleichzeitig niedrigen Kosten lassen sich nur mit einem hohen Maß an Automatisierung umsetzen: „Mass Customization" ist damit eine zentrale Herausforderung bei der Differenzierung im digitalen Zeitalter.

2.3   Die drei Etappen der Digitalisierung

Die Digitalisierung verändert also maßgeblich unsere Wirtschaft. Wir unterscheiden dabei drei Etappen:

1. *Der digitale Arbeitsplatz:* die Verbreitung von Smartphones und anderen mobilen Geräten wie Tablets; kollaborative Werkzeuge wie Videokonferenz oder Chat; die Nutzung sozialer Netzwerke im Unternehmensumfeld; „Consumerization", also die zunehmende Durchdringung von ursprünglich für den privaten Nutzer konzipierten Technologien (Hardware wie Software), die in Bezug auf Benutzerfreundlichkeit (Stichwort: „Easy to use") meilenweit der alten IT-Landschaft voraus sind. Zusammen haben diese Entwicklungen die „User Experience" des IT-Anwenders stark verändert.

2. *Die digitale Kundenerfahrung:* Die zweite Etappe betrifft nicht mehr den IT-Anwender im Unternehmen, sondern den Kunden. In der vernetzten, digitalen Welt, in der Kunden ihre Erfahrungen mit der ganzen Welt teilen und in Sekunden zur Konkurrenz wechseln können, ist die optimale Kundenerfahrung oder „Customer Experience" zum zentralen Schlüssel im Wettbewerb geworden. Denn ein negatives Kundenerlebnis hat direkte und unmittelbare Auswirkungen auf Markenwahrnehmung und Umsatz eines Unternehmens. Die ganzheitliche und individualisierte Optimierung der Kundenerfahrung über alle digitalen und traditionellen Kontaktpunkte rückt daher in den strategischen Fokus. Design spielt dabei eine wichtige Rolle, sowohl was die grafische Darstellung betrifft als auch die Gestaltung der Nutzererfahrung: Einfachheit, intuitive Bedienbarkeit und Reaktivität sind wesentliche Merkmale. Bisher haben sich die meisten Unternehmen in ihrer digitalen Transformation vornehmlich auf die Transformation des Frontends zum Kunden fokussiert und dabei die Integration mit dem Backoffice zunächst vernachlässigt. Für ein optimales Kundenerlebnis bedarf es aber einer unternehmensweiten Digitalisierung und Integration aller Prozesse sowie einer ganzheitlichen Kundenorientierung. Denn Backend-Prozesse zum Beispiel in der Logistik, dem Rechnungswesen, der Lagerhaltung oder der Produktentwicklung können eine mindestens ebenso große Auswirkung auf die Kundenerfahrung haben wie die kundennahen Bereiche. Nach der Transformation von Marketing und Vertrieb muss daher die kundengerichtete Digitalisierung und Integration aller Frontend- und Backend-Prozesse im Unternehmen im Fokus der digitalen Transformation stehen.

3. *Digitale Geschäftsmodelle und Ökosysteme:* In der dritten Etappe geht es nicht nur um neue Vertriebsmodelle, sondern um neue Produkte und neue Geschäftsmodelle, die oft zu neuen digitalen Ökosystemen führen. Denn mittel- und langfristig werden Unternehmen nicht allein in der Lage sein, dem zunehmenden Wettbewerbsdruck standzuhalten. Daher werden traditionelle Wertschöpfungsketten immer stärker durch digitale Ökosysteme bzw. Servicenetzwerke abgelöst werden. In solchen Netzwerken wird eine Vielzahl unterschiedlicher Akteure aus verschiedenen Branchen gemeinsam kollaborative Geschäftsmodelle entwickeln. Sie teilen Daten und Informationen (ggf. Vorhersagen und Korrelationsanalysen), um zusammen einen besseren Service anbieten oder sich gegen einen Wettbewerber behaupten zu können. Solche digitalen Ökosysteme beginnen sich schon heute zu entwickeln, vor allem im „Internet der Dinge" oder besser gesagt: im „Internet der Dinge und Dienste", denn es sind vor allem die Dienste rund um vernetzte Produkte, die Mehrwert für den Kunden

bringen. Zahlreiche Beispiele gibt es bereits in den Bereichen Connected Car für die Automobilindustrie, Predictive Maintenance für die Maschinen- und Anlagenbauindustrie, Smart Meters und Smart Grid in der Energieversorgungsbranche oder Smart Health über Fernabfrage und sogar Fernsteuerung von medizinischen Geräten im Gesundheitssektor.

2.4   Anforderungen der Digitalisierung an die Informationstechnologie

Die Digitalisierung eröffnet unbegrenzte Möglichkeiten, sie erfordert aber auch ein tiefes Umdenken und eine umfangreiche Transformation von Organisation, Prozessen, Unternehmenskultur. Denn im digitalen Zeitalter stellen sich für Unternehmen erhebliche neue Anforderungen – auch und insbesondere an die Informationstechnologie.

2.4.1   Agilität

Die wichtigste Anforderung – oder vermutlich Herausforderung – ist die Agilität und Anpassungsfähigkeit. Denn die Veränderungsgeschwindigkeit hat in der digitalen Welt massiv zugenommen. Damit wird Agilität zum essenziellen Erfolgsfaktor. Unternehmen müssen nicht nur die Chancen und Risiken der Digitalisierung für sich identifizieren und darauf eingehen, sie müssen sich schnell an die veränderten Markt- und Wettbewerbsbedingungen anpassen. Sie müssen in der Lage sein, neue Ideen sehr schnell umzusetzen, zu testen, weiterzuentwickeln – und gegebenenfalls auch wieder aufzugeben! Eine agile IT ist absolute Grundvoraussetzung dafür. Der neue Ansatz heißt: „Build – Measure – Learn – Improve" oder auch „Try – Fail – Learn – Improve". Im Gegensatz zur Ansatzweise traditioneller IT-Organisationen wird hier nicht versucht, das optimale System für die nächsten zehn Jahre zu entwickeln, sondern eine Idee schnellstmöglich umzusetzen und in einem kontinuierlichen Lernprozess zu optimieren. Schnelligkeit, Reaktivität und Flexibilität sind also Schlüsselwörter. Und wenn eine Idee zum Fliegen kommt, muss sehr schnell skaliert werden.

Auch wenn die Technologie nicht alles lösen kann, ist Cloud Computing dafür prädestiniert, die notwendige Agilität, Skalierbarkeit und Flexibilität zu gewährleisten.

Zunächst einmal ermöglicht SaaS (Software-as-a-Service) eine schnelle und einfache Implementierung und Inbetriebnahme von Anwendungen. SaaS befreit zudem von vielen Pflege- und Betriebssorgen. Und SaaS-Entwicklungen orientieren sich in der Regel an offenen Standards und sind somit meist leicht zu integrieren – ob mit dem Backoffice oder mit anderen Anwendungen und Datenquellen. Neben klassischen, vollumfänglichen Anwendungen sind im SaaS-Modell zunehmend viele „Micro-Apps" verfügbar, die sich wie in einem Puzzle zusammenstecken und ggf. erweitern lassen.

Ist eine notwendige Anwendung als Standard nicht im SaaS-Modell verfügbar, ermöglicht der PaaS-Ansatz (Platform-as-a-Service) eine effiziente Entwicklung, das Testen in der Zielumgebung und vor allem anschließend eine schnelle und reibungslose Implementierung und Inbetriebnahme.

Letztlich gewährleistet IaaS (Infrastructure-as-a-Service) die notwendige Skalierbarkeit, um punktuelle Aufgaben wie die Verarbeitung und Analyse größerer Datenmengen durchzuführen.

Bei allen Cloud-Modellen zählen Agilität, Skalierbarkeit, Flexibilität, Einfachheit und Schnelligkeit – ob bei Implementierung, Integration, Pflege oder Betrieb – zu den Stärken. Gleichzeitig müssen Cloud-Lösungen den Anforderungen an Sicherheit, Zuverlässigkeit und Datenschutz gerecht werden. Hybrid-Ansätze, die Public Cloud, Hosted Private Cloud und sogar Inhouse Private Cloud kombinieren, ermöglichen gegebenenfalls differenzierte Umgebungen für unterschiedliche Anwendungen, Anwender- und Datenprofile und entsprechende Anforderungen.

2.4.2   Innovationsfähigkeit

Innovationsfähigkeit ist eine weitere essenzielle Herausforderung im Zeitalter der Digitalisierung. Während sich viele Unternehmen in der Vergangenheit darauf fokussiert haben, durch (IT-basierte) Prozessoptimierungen bestehende Produkte und Dienstleistungen effizienter zu erstellen und zu vermarkten, muss nun ein radikales Umdenken stattfinden: Innovationen stehen im Vordergrund und etablierte Unternehmen sollen sich wie Start-ups verhalten. Ein grundlegender Kulturwandel und neue Formen der Zusammenarbeit und Führung sind notwendig, um alle innovativen Kräfte im Unternehmen zu mobilisieren. Unternehmen müssen konventionelle Denk- und Arbeitsweisen, traditionelle Managementansätze und Steuerungsmechanismen überdenken.

Aber vor allem stellt die Notwendigkeit zu schnellen Innovationen neue Anforderungen an die IT. Denn diese bildet häufig das Herzstück von Innovationen, sodass der IT eine wichtige Rolle als Enabler zukommt. Innovationsfähigkeit erfordert mithin entsprechende IT-Architekturen, IT-Arbeitsumgebungen und Entwicklungsansätze.

Als Alternative zu herkömmlichen Wasserfallmodellen erlangen daher iterative Ansätze, die dem Lean-Start-up-Gedanken entspringen, immer mehr an Bedeutung. Zentrales Ziel von Methoden wie Scrum oder DevOps ist es, Geschwindigkeit und Agilität bei der Entwicklung (bis hin zur Implementierung, Inbetriebnahme sowie Pflege und Weiterentwicklung) neuer Produkte oder Services deutlich zu erhöhen. Gleichzeitig fordern und fördern sie eine neue Kultur, in der kundenzentriertes Handeln, ein kontinuierlicher Wandel und der Sharing-Gedanke im Fokus stehen. Interaktivität ist ein Schlüsselwort – innerhalb des Unternehmens, aber auch mit Kunden: Entwickler müssen zeitnah auf Kundenrückmeldungen und die Auswertung von Nutzungsdaten reagieren können. Zunehmend werden Partner und Kunden in den Innovations- und Entwicklungsprozess eingebunden.

Die Übertragung solcher Methoden auf Unternehmen, die bislang nach herkömmlichen, industriellen Maßstäben organisiert sind, ist enorm schwierig und funktioniert nur Schritt für Schritt. Hierfür bedarf es zunächst Inkubatoren, die in multidisziplinären Teams solche Ansätze testen, weiterentwickeln und schließlich deren Ausweitung in andere Bereiche aktiv unterstützen. Die IT-Organisation ist prädestiniert, um solche multidisziplinären Teams zu initiieren und deren Arbeit zu koordinieren: IT-getriebene Innovationen bilden immer mehr den Kern bei der Entwicklung neuer Services, Produkte und Geschäftsmodelle im digitalen Zeitalter.

2.4.3   Einfachheit

Zentrales Ziel der neuen Entwicklungsansätze ist es auch, einfache, intuitiv nutzbare Anwendungen und Produkte zu entwickeln. Denn Einfachheit und Benutzerfreundlichkeit sind in allen Etappen der Digitalisierung gefordert, angefangen mit dem Digital Workplace (User Experience) bis hin zur digitalen Transformation der Kunden-Frontends (Customer Experience). Niemand will heute ein Handbuch lesen, um ein Produkt oder eine Website bedienen zu können.

Die Anforderung der Einfachheit beschränkt sich allerdings nicht nur auf das Frontoffice: Auch das Backoffice soll und muss vereinfacht werden. Heute kämpfen die meisten IT-Abteilungen damit, ihre „Legacy" aufrechtzuerhalten und zu betreiben, und haben somit nur begrenzte Ressourcen für Innovationen. Sie leiden unter der Komplexität ihrer IT-Landschaft, die im Laufe der Jahre durch Anpassungen, Erweiterungen und Integrationsmaßnahmen entstanden ist. Darüber hinaus wurden die meisten Systeme entwickelt, um bestehende Organisationseinheiten zu unterstützen. Die neue IT muss eine „Lean IT" sein, also einfache, effiziente, zweckgemäße Prozesse und Organisationsformen umfassen.

2.4.4   Intelligente Nutzung von Daten

Digitale Interaktionskanäle eröffnen heute ganz neue Möglichkeiten, Kundeninformationen zu sammeln und für den Ausbau und die Optimierung der Kundenerfahrung zu nutzen. Zum Beispiel kann der Preis eines Produkts an das Wettbewerbsumfeld angepasst oder das richtige Produkt für eine Kampagne anhand der (erwarteten) Wetterbedingungen ausgewählt werden. In Deutschland hat ein Logistikdienstleister für Schnellrestaurants ein neues Geschäftsmodell entwickelt: Er analysiert die Korrelation zwischen Wetterbedingungen, Events (wie Fußballspiele) und Liefermengen und verkauft mittlerweile Abnahmeprognosen an seine Auftraggeber.

Die Möglichkeiten werden noch deutlich größer, wenn im Zuge des sich etablierenden Internet der Dinge auch über die eingesetzten Produkte kundenindividuelle Nutzungsinformationen abrufbar sind.

Die intelligente Nutzung der zunehmenden Menge an Daten ist eine zentrale Anforderung, denn sie bildet nicht nur die Basis für eine individualisierte Optimierung der Kundenerfahrung, sondern vor allem für die Optimierung von Prozessen, die operative und strategische Entscheidungsfindung sowie geschäftliche Innovationen. Unternehmen müssen in der Lage sein, die Masse an Daten aus unterschiedlichsten Quellen zentral zu sammeln und zu speichern, in Echtzeit auszuwerten und für unterschiedlichste Anwendungen bereitzustellen.

2.5   Erfolgsfaktoren für den Wandel der IT zum Enabler der Digitalisierung

Die Digitalisierung ist zwar mittlerweile bei nahezu allen deutschen Unternehmen ein wichtiges Thema, jedoch setzt die Mehrheit der Firmen bisher vor allem vereinzelte digitale Projekte um, ohne dabei eine einheitliche, unternehmensweite Strategie zu verfolgen. Damit gleicht die Digitalisierung oft einem Flickenteppich mit ambitionierten, aber wenig koordinierten Initiativen. Unternehmen benötigen jedoch eine digitale Strategie und eine digitale Agenda, um Leitplanken zu schaffen und sich im Dschungel der Möglichkeiten nicht zu verlieren.

Dabei muss die IT eine zentrale Rolle spielen – und dies sowohl aus technischer als auch organisatorischer Perspektive. Denn digital erfolgreiche Unternehmen sind ohne eine IT an zentraler Position nicht vorstellbar. Schließlich wird eine zentrale Instanz benötigt,

- die digitale Initiativen auf Basis einer gesamtheitlichen digitalen Strategie koordiniert und dabei dafür sorgt, dass die in diesem Zuge entwickelten Anwendungen ineinandergreifen;

- die in der Lage ist, Datenströme unternehmensweit zu bündeln, zu orchestrieren und sie für weitere Analysen aufzubereiten;

- die dabei die Einhaltung von Sicherheits-, Compliance- und Datenschutzrichtlinien im Blick behält und überwacht;

- die die Zusammenarbeit mit Technologielieferanten einschließlich Hardware-, Software- oder Cloud-Anbietern genauso wie klassischen IT-Dienstleistern und -Resellern koordiniert und gestaltet.

Um ihre strategische Rolle in der digitalen Transformation ausfüllen zu können und sich als Vorreiter und Dienstleister für andere Fachbereiche zu positionieren, muss sich die IT-Organisation allerdings selbst fundamental wandeln. Sie muss sich ähnlich einem Start-up als agiles, interaktives und lernendes System verstehen, in dem Planung und Kontrolle durch schrittweise Annäherung an Problemlösungen ersetzt werden, Gleichzeitig müssen die IT-Verantwortlichen ein Umfeld schaffen, in dem eine solche „IT 2.0" gedeihen kann.

Dafür müssen Freiräume geschaffen werden: IT-Organisationen, die in den operativen Aufgaben „gefangen" sind, sich vornehmlich um die Pflege und den Betrieb der bestehenden IT-Landschaft kümmern und IT-Kosten verwalten, fehlt der notwendige Atem, um den erforderlichen Wandel voranzutreiben. Durch Konsolidierung, Standardisierung und Modernisierung der bestehenden IT-Landschaft (Legacy), durch die Nutzung von Technologien und Geschäftsmodellen wie Cloud Computing, Outsourcing und Offshore können Freiräume entstehen. Einerseits finanzielle Freiräume, indem Einsparungen im Legacy-Betrieb für neue Projekte zur Verfügung stehen; andererseits personelle Freiräume, indem gut ausgebildete Mitarbeiter von Routinearbeiten befreit werden und für innovative Sandbox-Projekte eingesetzt werden können.

Bei bestehenden Großunternehmen ergeben sich heute oft zweigeteilte Systeme: ein auf Stabilität und Effizienz optimiertes System für die historischen Produkte („Systems of Records") und ein auf Innovation und Schnelligkeit optimiertes System für die neuen, digitalen Offerings („Systems of Engagement"). Dennoch muss auch hier zeitnah eine – zumindest teilweise – Integration stattfinden, um zu vermeiden, dass neue Insellösungen entstehen!

Um die Anforderungen an Agilität und Innovationsfähigkeit erfüllen zu können, sollten auch Performance-Steuerung und KPIs der IT-Organisation überprüft werden. Es nützt erfahrungsgemäß wenig, nur an die Innovationsfreude, Agilität und Kooperationsbereitschaft der Mitarbeiter zu appellieren, wenn diese nach herkömmlichen Effizienzkriterien gesteuert werden. Mitarbeiterführung in agilen Organisationen funktioniert nicht mit starren Hierarchien und Micro-Management, sondern baut einerseits auf Vertrauen und Freiraum für die Mitarbeiter sowie andererseits auf ein aktives Kommunizieren und Vorleben der Ziele und Visionen durch die Manager. Denn auch in der IT-Abteilung brauchen Mitarbeiter Coaches, keine Kontroll-Freaks.

Agile Ansätze sollen auch Lieferanten und Partner miteinbeziehen. Mit der Etablierung digitaler Ökosysteme – also digitaler Wertschöpfungsnetzwerke, die aus Sicht von Pierre Audoin Consultants mittelfristig große Bedeutung erlangen werden – wird diese Anforderung umso wichtiger. Dafür werden entsprechende Vertragsgestaltungen und Anreizsysteme benötigt. Agile Entwicklungen und hohe Flexibilitätsanforderungen lassen sich nur bedingt mit rigiden Werk- oder Outsourcing-Verträgen abbilden. Es sollte geprüft werden, inwieweit Risk-&-Profit-Sharing-Mechanismen in die Vertragssysteme eingebaut werden. Zudem ist es empfehlenswert, die Steuerung der Anbieter stärker auf das Endergebnis und die Sicht der Endkunden auszurichten.

Last but not least muss sich die IT-Organisation ein Thema verstärkt aneignen: die Kundenorientierung, also die Orientierung an den Bedürfnissen der Endkunden. Sie muss sich als zentraler Koordinator, technischer Berater und Integrator von Projekten an der Kundenschnittstelle und sogar als Wegbereiter für eine optimale Customer Experience positionieren. Dieses setzt aber voraus, dass die IT-Organisation den Dialog mit allen anderen

Abteilungen (u. a. Marketing, Vertrieb und Kundendienst) sucht und sogar moderiert. Sie ist zum Beispiel bestens positioniert, um eine Multikanalstrategie zu entwickeln und umzusetzen und somit eine optimale Kundenerfahrung über alle Kontaktpunkte hinweg gewährleisten zu können.

2.6   Fazit

Die digitale Transformation verändert unsere Wirtschaft und unsere Gesellschaft tiefgründig. Jedes Unternehmen braucht eine dedizierte digitale Strategie und eine digitale Agenda, um effizient voranzukommen. Technologien wie Cloud Computing, Analytics und agile Methoden helfen bei der Umsetzung. Geschwindigkeit, Agilität, Flexibilität und Reaktivität sind dabei absolut notwendig. Vor allem aber ist im digitalen Zeitalter die Innovationsfähigkeit ausschlaggebender Erfolgsfaktor. Dafür müssen Freiräume und neue Formen der Zusammenarbeit und Einbindung von Partnern und Kunden geschaffen werden. Informationstechnologien sind das Herz der Digitalisierung. Eine agile und innovative IT ist essenziell für die Agilität und Innovationsfähigkeit des gesamten Unternehmens. Entsprechend muss die IT-Organisation eine zentrale Position bei der Digitalisierung einnehmen – und sich dabei selbst fundamental verändern!

Autoren

Christophe Châlons ist seit 2009 Chief Analyst der PAC-Gruppe. Seine berufliche Laufbahn begann der diplomierte Maschinenbau-Ingenieur 1986 als Assistent des System Manager, Rechenzentrum EDF/R&D-Abteilung, in Saint Denis, Frankreich. 1989 wurde er Geschäftsführer der neu gegründeten PAC-Niederlassung in München. Unter seiner Leitung entwickelte sich PAC zu einem der führenden Marktanalyse- und Beratungsunternehmen in der deutschen IT-Branche. Zudem ist Christophe Châlons Vorstandsmitglied der PAC-Gruppe. Als Vice President Quality ist er unternehmensweit für die Qualitätssicherung sowohl kundenspezifischer Studien und Beratungsdienstleistungen als auch von PACs Standardstudien im Rahmen des renommierten SITSI®-Programms verantwortlich. Themenschwerpunkte seiner Arbeit sind Software und IT-Services auf globaler Ebene, Outsourcing und STIE (Scientific, Technical, Industrial & Embedded IT), Consulting-Projekte für IT-Dienstleister sowie Sourcing Advisory für IT-Anwender.

Nicole Dufft ist Independent Vice President Digital Enterprise bei PAC Deutschland. In ihren über 20 Jahren in der IT- und Finanzindustrie war sie zuvor Geschäftsführerin der Berlecon Research GmbH in Berlin, Senior Portfolio Manager bei Metzler/Payden, LLC, in Los Angeles, USA, sowie Analystin bei B. Metzler seel. Sohn & Co. in Frankfurt. Die Diplom-Volkswirtin ist Expertin für neue Arbeitsplatzstrategien in der digitalen Welt und die digitale Transformation von Unternehmen. Sie leitet Beratungs- und Research-Projekte zur Optimierung der Wettbewerbsstrategien, Marktpositionierung und Geschäftsentwicklung von IT-Dienstleistern und Softwareanbietern.

Die digitale Transformation der Industrie – wie Deutschland profitiert

Dieter Schweer, Jan Christian Sahl

Mobiles Internet, soziale Medien und digitale Serviceleistungen gehören zum Alltag. Jetzt beginnt das Zeitalter des „Internets der Dinge" – Produkte und Maschinen werden miteinander vernetzt. Ganze Wertschöpfungsketten werden durch digitale Technologien, teils evolutionär, teils disruptiv, verändert. Alles, was digitalisiert werden kann, wird auch digitalisiert. Gehören Deutschland und Europa zur Weltspitze? Eine Studie von Roland Berger Strategy Consultants im Auftrag des BDI hat ergeben: Bis zum Jahr 2025 könnte Europa infolge der digitalen Transformation der Industrie einen Wertschöpfungszuwachs von rund 1,25 Billionen Euro erzielen – aber auch einen Verlust von 605 Milliarden Euro industrieller Bruttowertschöpfung erleiden.

Der Industriestandort Deutschland verfügt mit seiner breiten Basis innovativer Branchen, seiner herausragenden Wettbewerbsstärke in Produktion, Logistik und Wissenschaft und seiner differenzierten Struktur aus großen Unternehmen und Mittelstand über gute Voraussetzungen, um bei der Digitalisierung mit an der Spitze zu stehen. Viele Produktionsanlagen in Deutschland sind hochautomatisiert. Auf 10.000 Industriearbeitsplätze kommen rund 282 Roboter – in China sind es 14. Es gibt zahlreiche deutsche „Hidden Champions", die Weltmarktführer beim Angebot von spezialisierten, hochkomplexen Produkt-Service-Systemen für Industrieanwendungen sind. Zudem gehört Deutschland neben den USA und Japan zu den größten Herstellern von eingebetteten Systemen, diesen fingernagelgroßen Computern, die komplexe Steuerungs- und Datenverarbeitungsaufgaben in verschiedensten Produkten und Maschinen übernehmen. Für den Nutzer nahezu unsichtbar, spielen diese Systeme eine bedeutende Rolle im täglichen Leben. Sie stecken in medizinischen Geräten, Waschmaschinen, Autos oder Produktionsanlagen: Sie senken im Durchschnitt 25 Prozent der Kosten und führen zu 80 Prozent der Produktinnovationen eines Autos. Ihr Anteil an der industriellen Wertschöpfung wird noch weiter zunehmen.

Zur Wahrheit gehört aber auch: Im globalen Vergleich bestehen in Deutschland, aber auch in anderen EU-Mitgliedstaaten teils besorgniserregende Schwächen. Andere Weltregionen dominieren viele Felder der digitalen Wirtschaft derart, dass technologische Abhängigkeiten drohen. So erwirtschaften europäische Unternehmen nur noch etwa zehn Prozent des weltweiten Umsatzes an Informations- und Kommunikationstechnologie (IKT). Während das Wachstum des IKT-Marktes in China elf Prozent und in den USA vier Prozent beträgt, liegt es in der EU bei nur 1,3 Prozent. Die umsatzstärksten Hersteller von IT-Hardware, von PCs und Notebooks sind in den USA und in Asien beheimatet. Nichts anderes gilt für die Hersteller von Smartphones und Unterhaltungselektronik. Die größten IT-Service-Anbieter und fast alle der umsatzstärksten Softwareunternehmen haben ihren Sitz in den USA. Nur wenige europäische Unternehmen finden sich in diesen globalen Rankings noch auf den vorderen Plätzen. Unter den zehn größten Mobiltelefonherstellern der Welt sind heute keine europäischen Unternehmen mehr – obwohl diese noch vor 15 Jahren den Sektor dominierten.

Welche Rahmensetzungen haben sich als Hindernisse erwiesen? Was muss sich ändern, damit der digitale Binnenmarkt in Europa Wirklichkeit wird? Was funktioniert gut? Stimmen neben der richtigen Innovationskultur die rechtlichen und regulatorischen Rahmenbedingungen?

3.1 Digitale Autobahnen ausbauen

Das Fundament einer digitalen Wirtschaft und Gesellschaft bilden leistungsfähige, sichere und flächendeckend vorhandene digitale Infrastrukturen. Produktion, vernetzte Medizindienste, intelligente Mobilität – der Erfolg vieler künftiger Lösungen hängt von schnellen, zuverlässigen Netzen ab. Deutschland müsste hier Vorreiter sein. Stattdessen rangiert Deutschland beim weltweiten Vergleich der durchschnittlichen Verbindungsgeschwindigkeit auf Platz 28 (vgl. ⊚ Abb. 3.1).

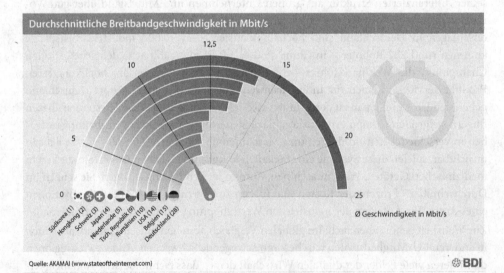

Abb. 3.1 Durchschnittliche Breitbandgeschwindigkeit in Mbit/s

Das ist nicht nur ein Problem für die digitale Wirtschaft. Breitbandnetze sind eine Standortfrage – ebenso wie Energie- und Verkehrsnetze. Für Investitionen in die Breitbandinfrastruktur gilt das Gleiche, was auch für andere Infrastrukturen gilt: Durch sie wächst der

Kapitalstock einer Volkswirtschaft. Es steigen Pro-Kopf-Einkommen und Produktivität einer Volkswirtschaft. Wichtige gesellschaftliche Herausforderungen wie die Energiewende oder ein intelligentes Verkehrsmanagement können nicht ohne leistungsfähige digitale Infrastrukturen gemeistert werden.

Das Ziel der Bundesregierung, im Jahr 2018 eine flächendeckende Versorgung mit 50 Mbit/s zu erreichen, ist ein Schritt in die richtige Richtung. Auf lange Sicht kann dies allerdings nur ein Zwischenschritt sein. Die Machine-to-Machine-Kommunikation der Industrie, Anwendungen der vernetzten Gesundheitswirtschaft und auch Angebote aus dem Unterhaltungsbereich (Video-on-Demand, UHDTV, Bildtelefonie, Computerspiele) erfordern leistungsfähigere Netzzugänge. Studien zufolge werden im Jahr 2025 Nutzer mit hohen Breitbandansprüchen einen durchschnittlichen Bedarf von 350 Mbit/s haben. Selbst für Wenignutzer wird ein Bedarf von 60 Mbit/s prognostiziert. Die hierfür erforderlichen Budgets sind enorm. Um das Breitbandziel der Bundesregierung zu erreichen, sind Investitionen in Höhe von rund 20 bis 35 Milliarden Euro erforderlich. Für einen flächendeckenden Ausbau mit Glasfaserverbindungen werden sogar 80 bis 95 Milliarden Euro veranschlagt.

Doch die Telekommunikationsunternehmen investieren nur dann in den Ausbau der Netze, wenn es sich rechnet. Hier spielt der Regulierungsrahmen eine entscheidende Rolle. Die Liberalisierung des Telekommunikationsmarkts hat einen massiven Preisdruck ausgelöst – zum Vorteil vieler Kunden. Sie bezahlen heute für Inlandstelefonate weniger als drei Prozent und für Auslandsgespräche teilweise weniger als ein Prozent des einstigen Preises. Wenn der Regulierungsrahmen stärker innovations- und investitionsfreundlich ausgestaltet werden soll, muss das Regulierungsdreieck des Telekommunikationsgesetzes neu austariert werden. Neben Wettbewerb und der Gewährleistung von Universaldiensten ist die Förderung leistungsfähiger TK-Infrastrukturen eines der drei Regulierungsziele. Hierfür braucht es mehr als nur günstige Endkundenpreise in Deutschland. Es braucht eine leistungsfähige TK-Industrie, die über die nötigen Investitionsmittel zum Breitbandausbau verfügt. Zudem müssen Synergieeffekte besser genutzt werden, etwa durch bessere Baustellenkoordinierung, Leerrohrverlegungen oder die Mitnutzung anderer Infrastrukturen.

Wichtig ist auch: ausgewogene Regeln zur Netzneutralität, die eine Differenzierung beim Datentransport zulassen. Es muss den Telekommunikationsunternehmen möglich sein, Spezialdienste anzubieten, die eine bestimmte Verbindungsqualität bezüglich Übertragungsrate, Reaktionszeit oder Ausfallsicherheit garantieren. Dies sorgt nicht nur für zusätzliche Mittel, die für den Ausbau der digitalen Infrastrukturen genutzt werden können – solche Dienste sind vor allem erfolgsentscheidend für Industrie-4.0-Lösungen. Denn digitale Anwendungen in der Industrie der Zukunft werden ohne garantierte Verbindungsqualitäten nicht funktionieren.

3.2   Das Netz benötigt Vertrauen und Sicherheit

Ohne Vertrauen in den verlässlichen und sicheren Umgang mit Daten werden viele digitale Innovationen und datenzentrierte Geschäftsmodelle keine Akzeptanz finden. Vertrauen in digitale Anwendungen setzt das Wissen um die Sicherheit von Daten und die Integrität ihrer Verarbeitung voraus.

Nicht zuletzt die Enthüllungen flächendeckender Ausspähung durch Nachrichtendienste haben das Grundvertrauen in die Integrität von Daten massiv erschüttert (vgl. ◉ Abb. 3.2). Die Sorge vor schrankenlosem Zugriff auf Daten kann erhebliche Auswirkungen auf die Akzeptanz digitaler Vernetzung haben. Die EU muss, auch gemeinsam mit Drittstaaten, Antworten finden. Personenbezogene Daten – ebenso wie wertvolle Unternehmensgeheimnisse – sind besser zu schützen. Starker Datenschutz und eine verlässliche Datensicherheit sind ein Wettbewerbsvorteil für Europa und Deutschland.

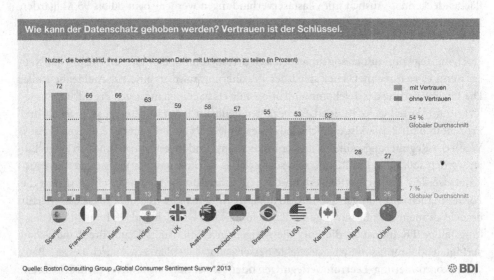

Abb. 3.2 Wie kann der Datenschatz gehoben werden? Vertrauen ist der Schlüssel

Der europäische Flickenteppich von unterschiedlichen Datenschutzregimen ist ökonomisch schädlich, weil er die Märkte fragmentiert, Skaleneffekte verhindert, Innovationen blockiert, viele kleinere Unternehmen entmutigt und obendrein viele Kunden verunsichert. Nach knapp vier Jahren Diskussion sollte endlich die EU-Datenschutz-Grundverordnung beschlossen werden.

Unternehmen sind auf globalen Datentransfer angewiesen – nur so können vernetzte Personal- und Rechtsabteilungen oder weltweit arbeitsteilige Forschungs- und Entwicklungs-Projekte funktionieren. Insbesondere datenbasierte Innovationen brauchen ein modernes Datenschutzregime. Erst die intelligente Verknüpfung von (auch personenbezogenen) Daten ermöglicht neue, oft für den Kunden maßgeschneiderte Lösungen – von Mobilitätsangeboten über die Energieversorgung bis hin zu Gesundheitsdiensten. Davon darf sich Deutschland nicht abkoppeln.

Ein klug austarierter Rechtsrahmen zur Datenverarbeitung in Europa kann beiden Zielen zugleich gerecht werden: mehr Vertrauen durch starken Schutz für personenbezogene Daten und mehr Innovationen durch praktikable Regelungen für neue Geschäftsmodelle. Mehr Transparenz und mehr Kundensouveränität – diesem Leitbild sollte der Datenschutz in der EU folgen. Außerdem muss das Marktortprinzip gelten: Auf dem europäischen Markt müssen sich alle, auch außereuropäische, Anbieter an europäisches Recht halten, und zwar unabhängig davon, wo der Unternehmenssitz und der Verarbeitungsort der Daten ist. Nur so können künftig in allen Ländern der EU verlässliche Standards gelten. Das ist ein bedeutender Standortvorteil.

Ebenso wichtig für das Vertrauen in die digitale Welt ist die Sicherheit von Daten und IT-Systemen. Insbesondere das zunehmende Aufbrechen der Firmengrenzen und die starke Nutzung drahtloser Kommunikation erleichtern Angriffe auf IT-Systeme im Unternehmen. Schon heute wird der durch Cyberkriminalität verursachte Schaden in der deutschen Industrie auf etwa 50 Milliarden Euro jährlich geschätzt. Ungefähr jedes dritte Unternehmen ist Opfer von Cyber-Attacken geworden. Bezogen auf das Bruttoinlandsprodukt weist Deutschland die höchsten volkswirtschaftlichen Schäden weltweit auf (vgl. ⊕ Abb. 3.3).

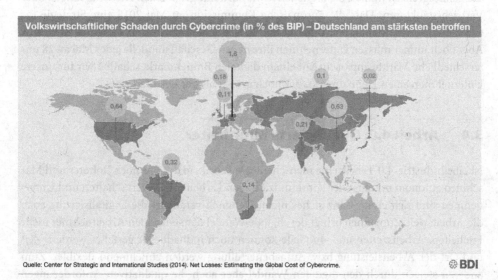

Abb. 3.3 Volkswirtschaftlicher Schaden durch Cybercrime (in % des BIP) – Deutschland am stärksten betroffen

Um Cyber-Angriffe durch organisierte Kriminalität, Konkurrenten und fremde Nachrichtendienste abzuwehren, müssen Staat und Wirtschaft gemeinsam die IT-Sicherheit stärken. Die deutsche Industrie hat ein hohes eigenes Interesse, ihre IT-Systeme und Produktionsnetze im Office- und Fertigungsbereich abzusichern. Das Sicherheitsniveau in den

Unternehmen wird kontinuierlich verbessert und unterliegt regelmäßigen Audits. Es ist aber auch eine gesamtgesellschaftliche Aufgabe. Eine enge Vernetzung von Industrie, Behörden und Wissenschaft ist erforderlich. Die deutsche Industrie hat deshalb das nationale IT-Sicherheitsgesetz unterstützt. In einigen Branchen bestehen darüber hinaus schon länger umfängliche gesetzliche Melde- und Transparenzverpflichtungen auf nationaler Ebene. Im Rahmen des Umsetzungsplans KRITIS zum Schutz der kritischen Infrastrukturen gibt es gut funktionierende Meldeprozesse, sowohl gegenüber staatlichen Behörden als auch zwischen Unternehmen – bilateral und im CERT-Verbund.

3.3   Starker digitaler Binnenmarkt

Es bedarf dringend eines digitalen Binnenmarkts auf europäischer Ebene: Ein großer europäischer Markt mit den gleichen Spielregeln von Portugal bis Finnland und Irland bis Rumänien. Das Internet macht nicht an Ländergrenzen halt. Gerade digitale Geschäftsmodelle sind auf einen großen, einheitlichen Markt angewiesen – und profitieren von ihm besonders. Oft ist die Anzahl der Kunden ein erfolgsentscheidender Faktor. Ohne eine „kritische Masse", ohne das Ausnutzen von Netzwerkeffekten wird sich kein erfolgreiches Internetunternehmen aus Deutschland oder der EU heraus entwickeln. Außerdem expandieren digitale Geschäftsmodelle besonders leicht – quasi auf Knopfdruck – über die Landesgrenzen hinaus: Sie brauchen keine aufwendigen lokalen Niederlassungen oder Vertriebsstrukturen. Dass die Europäische Kommission im Mai 2015 eine Strategie für einen digitalen Binnenmarkt vorgelegt hat, ist ein erster Schritt in die richtige Richtung. Aber noch immer müssen Unternehmen ihre neuen Geschäftsmodelle jedes Mal an 28 unterschiedliche Märkte anpassen. Mit einem digitalen Binnenmarkt schaffen wir für unsere Unternehmen einen Heimatmarkt, der noch größer als der US-Markt ist.

3.4   Arbeit 4.0: Qualifizierte Mitarbeiter

Ist eine Industrie-4.0-Fabrik eine menschenleere Fabrik, in der nur noch Roboter und Maschinen autonom miteinander kommunizieren und arbeiten? Gewerkschaften und Unternehmen sind sich einig: Ganz sicher nicht. Dennoch verändert die Digitalisierung auch die Arbeitswelt. Zum einen bringt der digitale Wandel dem einzelnen Arbeitnehmer mehr Freiheiten. Arbeitszeiten und -modelle können noch individueller gestaltet werden. Zeit und Ort der Arbeitsleistung bzw. Aufgabenerfüllung werden zunehmend flexibler. Zum anderen steigen durch den digitalen Wandel aber auch die qualitativen Anforderungen an die Mitarbeiter. Gefragt sind gut ausgebildete Fachkräfte, die ihre Kompetenzen und Qualifikationen ständig den Erfordernissen des technologischen Wandels anpassen. Das Bildungssystem muss stärker auf die neuen technologischen Herausforderungen ausgerichtet werden. Um die Komplexität in der digitalisierten Industrie zu beherrschen, müssen Fach- und Führungskräfte systemübergreifend denken und handeln. Ein Ingenieur in der Smart Factory muss nicht nur Produktionsprozesse und Fertigungstechnik verstehen, sondern auch die zugrunde liegende IT-Infrastruktur und die höheren Sicherheitsrisiken

begreifen. Es entstehen völlig neue, anspruchsvolle Berufsbilder. Die massive Informations-
und Datengenerierung erfordert Spezialisten, die aus den riesigen Datenmengen die relevanten Geschäftsinformationen herausfiltern. Doch noch sind solche Data Scientists rar.
Das muss sich ändern, um die Wachstumspotenziale des digitalen Wandels auszuschöpfen.
Schon jetzt fehlen laut MINT-Herbstreport des Instituts der deutschen Wirtschaft (IW)
den Unternehmen über 120.000 Arbeitskräfte mit einem beruflichen oder akademischen
Abschluss im sogenannten MINT-Bereich Mathematik, Informatik, Naturwissenschaften
und Technik. Neben nachhaltigen Aus- und Weiterbildungsaktivitäten braucht Deutschland eine arbeitsmarktorientierte Zuwanderung. Bürokratische Hürden, die sich bei der
Umsetzung des Zuwanderungsrechts und des Anerkennungsgesetzes ergeben, müssen
dringend beseitigt werden. Zukünftig wird es darauf ankommen, Fachkräfte im Ausland
durch gute Kommunikation und Zuwanderungssteuerung noch gezielter zu werben.

3.5 Leitplanken für das Cloud Computing

Wieso ist der Nutzen von Cloud Computing für Unternehmen hoch?

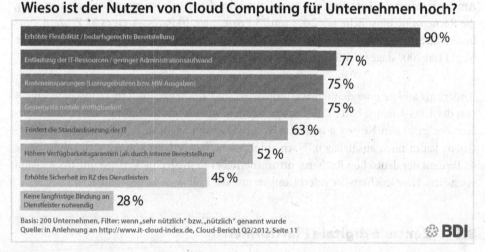

Abb. 3.4 Wieso ist der Nutzen von Cloud Computing für Unternehmen hoch?

In der deutschen Wirtschaft erfolgt eine sichere und effiziente Datenverarbeitung schon
heute oft über Drittanbieter. Neben klassischen Unternehmensprozessen übernehmen
Cloud-Dienste auch in der deutschen Industrie das Datenmanagement für neue, datenintensive Geschäftsmodelle: Für viele Big-Data-Analysetools sind Rechenkapazitäten erforderlich, die durchschnittliche firmeneigene IT-Systeme nicht leisten können. Cloud-Dienste
ermöglichen dadurch neues Wachstum in der Informationsgesellschaft (vgl. ⊙ Abb. 3.4).

Cloud Computing beeinflusst aber auch die industrielle Wertschöpfung und damit die
künftige Wettbewerbsfähigkeit der deutschen Wirtschaft nachhaltig. Die EU-Kommissi-
on schätzt das Potenzial auf bis zu 250 Milliarden Euro zusätzlicher Wertschöpfung und

2,5 Millionen neue Arbeitsplätze im Jahr 2020 in der EU. Entscheidende Grundlage für die Akzeptanz ist jedoch das Vertrauen in die Integrität und Sicherheit der Cloud. Es ist nicht zu übersehen, dass die Nachrichten der jüngeren Zeit über die Aktivitäten ausländischer Sicherheitsbehörden tiefe Spuren hinterlassen haben. Aus dem „Cloud-Monitor 2015" des Bitkom ist bekannt, dass Sicherheit, Vertrauen und Transparenz entscheidende Erfolgsfaktoren für Cloud-Anbieter sind. Es zeigt sich, dass Betreiber von Rechenzentren in Deutschland einen klaren Standortvorteil haben: Über 83 Prozent der befragten Kunden gaben an, dass sie von ihrem Cloud-Anbieter erwarten, dass er seine Rechenzentren ausschließlich in Deutschland betreibt. Die Politik muss die richtigen Leitplanken setzen, damit neues Vertrauen entsteht. Und damit Deutschland als Standort für Rechenzentren gestärkt wird. Rechenzentren sind die Datenfabriken der digitalen Wirtschaft. Sie sind die physische Basis des Internets für die Fabriken des produzierenden Gewerbes. Mit dem weltgrößten Internetknoten DE-CIX, den stabilen politischen Verhältnissen, einem starken Datenschutz (der Zugriffsmöglichkeiten von Polizei- und Sicherheitsbehörden beschränkt) und der zuverlässigen Stromversorgung hat Deutschland beste Voraussetzungen, um international agierende Cloud-Anbieter anzulocken. Durch die hohen Belastungen beim Strompreis jedoch wächst der Markt für Rechenzentren im europäischen Ausland deutlich schneller. In Amsterdam, wo die Betreiber nur zwei Drittel des deutschen Strompreises bezahlen, stieg die Rechenzentrumsfläche seit 2008 um 75 Prozent an. In Paris waren es 57 Prozent, dort liegen die Strompreise bei etwa der Hälfte des deutschen Niveaus. In Frankfurt wuchs der Markt seit 2008 dagegen nur um insgesamt 20 Prozent.

Anders als andere energieintensive Industrien sind Rechenzentren in Deutschland nicht von der EEG-Umlage befreit. Bei einem Rechenzentrum macht Strom aber etwa 40 Prozent der gesamten Kosten aus. Diese Nachteile lassen sich durch gesteigerte Energieeffizienz kaum noch ausgleichen. Nach einer Studie des Bitkom können sich schon heute 45 Prozent der deutschen Rechenzentrumsbetreiber deshalb eine Verlagerung ins Ausland vorstellen. Hier leuchten die roten Lampen und die Politik muss gegensteuern.

3.6   Zentrale digitale Plattformen

Die klassische Industrie hat bei ihrer digitalen Transformation zahlreiche Herausforderungen zu bewältigen. Für die erfolgreiche Vernetzung industrieller Wertschöpfungsketten müssen Normen und Standards definiert, innovative Technologien und Geschäftsmodelle und neue Aus- und Weiterbildungskonzepte implementiert werden. Hierfür gibt es in Deutschland mit der Plattform Industrie 4.0 oder dem Industrial Data Space, der Initiative der Fraunhofer-Gesellschaft, vielversprechende Initiativen, in denen Unternehmen, teilweise zusammen mit Politik, Verbänden und Gewerkschaften, zentrale technische, rechtliche und gesellschaftliche Problemstellungen angehen. Solche Initiativen zur Förderung und Koordinierung der digitalisierten Industrie gibt es inzwischen auch in vielen anderen Ländern Europas – und der Welt. In den Vereinigten Staaten hat sich das Industrial Internet Consortium (IIC) etabliert. Anfang 2014 gegründet, verzeichnet die

Organisation inzwischen über 150 Mitglieder. Darunter finden sich auch zahlreiche deutsche Unternehmen wie Bosch oder Siemens.

3.7 Markttreiber sind Start-ups

Start-ups sind die Treiber der Innovationskraft eines Landes. Schon heute arbeiten junge Unternehmen oft mit arrivierten Global Playern eng zusammen. Das ist für beide eine Win-win-Situation. Gerade mit neuen Geschäftsmodellen und internetbasierten Dienstleistungen z. B. für Industrie-4.0-Technologien etablieren sich Start-ups am Markt. In Deutschland gibt es eine vitale Gründerszene der digitalen Wirtschaft mit erfolgreichen Clustern, insbesondere in Berlin, München, Hamburg und Köln. Im internationalen Vergleich allerdings hinkt die deutsche Start-up-Szene deutlich hinterher – vor allem, was die Finanzierungsmöglichkeiten angeht. Insgesamt fließt in den USA gemessen an der Wirtschaftskraft sieben Mal so viel Risikokapital wie in Deutschland. Eine nachhaltige Stimulierung zusätzlichen privaten Kapitals, insbesondere im Bereich von Venture Capital, ist dringend notwendig. Trotz der wachsenden Bedeutung der Private-Equity-Branche weist der deutsche Beteiligungsmarkt einen deutlichen Nachholbedarf gegenüber europäischen Wettbewerbern und erst recht gegenüber den USA auf. Das wird sich nur ändern, wenn die Rahmenbedingungen insbesondere im Steuerrecht geändert werden. Das „Private-Equity-Gesetz" von 2008 war nur ein erster Schritt, die Finanzierungsmöglichkeiten für nicht börsennotierte junge, innovative Unternehmen zu verbessern.

Autoren

Dieter Schweer, Diplom-Betriebswirt und Diplom-Journalist, ist seit 2009 Mitglied der Hauptgeschäftsführung beim Bundesverband der Deutschen Industrie, bei dem er auch das Thema „Die digitale Transformation der Industrie" verantwortet. Vor seiner Zeit im BDI nahm er verschiedene Führungspositionen in der deutschen Industrie ein, u. a. bei der BMW AG, der Handelsblatt-Gruppe, als Direktor Konzernkommunikation der RWE AG und als Bereichsvorstand bei der Deutschen Telekom AG. Dieter Schweer wurde als PR-Manager des Jahres ausgezeichnet und erhielt den Deutschen Marketingpreis.

Jan Christian Sahl ist Rechtsanwalt und Senior Manager in der Abteilung „Digitalisierung und industrielle Wertschöpfungsstrukturen" beim Bundesverband der Deutschen Industrie e. V. (BDI). Sahl hat in Bonn und Zürich Rechtswissenschaften studiert. Sein Referendariat absolvierte er in Berlin, Kapstadt und Malta. Nach einer Tätigkeit für die Wissenschaftlichen Dienste des Deutschen Bundestages arbeitete er für internationale Kanzleien und Beratungsunternehmen in Berlin und Brüssel. Er ist Lehrbeauftragter an der Hochschule für Wirtschaft und Recht Berlin.

Thesen zur Digitalisierung

August-Wilhelm Scheer

Unternehmen sind vom Schlagwort der Digitalisierung aufgeschreckt und wissen nicht, was sie konkret machen sollen. Sie hören von der Gefahr neuer Business-Modelle, lesen von Unsummen, die für Start-up-Unternehmen gezahlt werden, obwohl noch kein einziger Euro Gewinn erzielt wurde, sehen ihre Konkurrenten in den Chor der Panikmacher einstimmen, dass ihre Branche im Big Change zu Industrie 4.0 ist oder durch E-Business ersetzt wird. Das Problem ist nur: Dies alles kann oder wird stimmen; der große Angriff auf das Bestehende hat begonnen! Die folgenden elf Thesen zur Digitalisierung beschreiben explizit, wie ein Unternehmen tatsächlich auf die veränderten Wettbewerbsbedingungen reagieren muss, um am Markt erfolgreich zu sein.

4.1 Lob der Langsamkeit

Der ehemalige Hedgefonds-Manager und Autor Nassim Nicholas Taleb spricht von Antifragilität, wenn ein System einen Angriff von außen nutzt, um auf neue Ideen zu kommen und daraus einen Vorteil zu ziehen. Der Volksmund kennt den Spruch: Aus der Not eine Tugend machen!

Wie soll man aber nun konkret beginnen, um nicht nur kopfscheu mitzulaufen, sondern aus der Situation gestärkt hervorzukommen?

Ganz bestimmt nicht, indem man nur das kopiert, was zurzeit alle machen. Ein bekannter Philosoph hat mir einmal geraten: „Wenn Sie nur hastig den Innovationswellen folgen, werden Sie höchstens Zweiter; wenn Sie aber Erster werden wollen, müssen Sie Mut zur Langsamkeit haben. Dann müssen Sie sich mit einem weißen Blatt Papier hinsetzen, die Situation analysieren, die inhaltlichen Treiber neuer Technologien erkennen und aus dieser Erkenntnis einen eigenständigen Ansatz entwickeln."

Hierbei kann die Diskussion von organisatorischen Gegensätzen helfen: Unterstützt die Digitalisierung mehr eine dezentrale oder mehr eine zentrale Organisation? Führt sie zu einer stärkeren Standardisierung oder zur Individualisierung der Produkte? Möchten die Kunden Eigentum an den Produkten erwerben oder genügt ihnen ein Zugriffsrecht?

Hilfreich (und z. T. erschreckend entlarvend) ist auch die Antwort auf die Frage des gegenwärtigen Nutzenmodells der Kunden der eigenen Produkte oder Dienstleistungen; häufig
ist bereits diese Antwort nicht spontan und überzeugend. Sie muss nun auch für die digitalisierten Produkte und Dienstleistungen beantwortet werden.

Wirklich Neues entsteht selten im Team, da der Sozialdruck eher zu Kompromissen und
zur Anpassung an lautstarke Meinungsführer verleitet. Also, das neue Business-Modell,
bestehend vor allem aus Nutzenmodell für den Kunden sowie Erlösmodell und Ressour-
cenmodell, muss im stillen Kämmerlein und höchstens unter Zuhilfenahme von streitigen
Diskussionen und Brainstorming-Sitzungen alleine erkämpft werden. Nur so kann etwas
wirklich Neues entstehen.

4.2   Schlagwörter sorgfältig auf ihren Gehalt abklopfen

Werden Konzepte wie Industrie 4.0 (I4.0) zu eng definiert, besteht die Gefahr, dass sie
in Misskredit geraten, weil sie ihren Nutzen nicht zeigen können. So wird häufig I4.0 lediglich auf die Fabrikautomatisierung durch Cyber Physical Systems (CPS) bezogen. Ihr
Einsatz soll aber u. a. zu einer stärkeren Flexibilisierung der Fertigung führen. Ziel ist die
Produktion von Losgröße 1 zu Kosten der Massenfertigung. Diese Flexibilisierung macht
aber nur Sinn, wenn auch die Produktentwicklung entsprechend flexibilisiert wird, sodass
schneller kundenbezogene Produktvarianten erzeugt werden können. Diese Verbindung
von CPS und Produktentwicklung wird z. B. von dem I4.0-Konzept der Branchenverbände
ZVEI, Bitkom und VDMA vertreten. Aber auch dies ist noch zu kurz gesprungen. Eine
höhere Variantenzahl führt zu kleinteiligeren Beschaffungsvorgängen, erweiterter Liefe-
rantenzahl und damit zu einer komplexeren Logistik, sodass auch diese mit einbezogen
werden muss. Nur mit einer kompletten Betrachtung der Wertschöpfungskette können
somit ein umfassendes Modell für I4.0 und für ein Unternehmen ein aussagekräftiger
Business-Plan erstellt werden.

Das Denken in umfassenden Geschäfts- und Wertschöpfungsketten ist ungewohnt, da es
über traditionelle Fach- und Bereichsgrenzen hinwegführt. Da aber bei der Digitalisierung
die Wertschöpfungsketten komplexer werden, ist ein umfassender Ansatz unabdingbar. So
fallen häufig Leistungsempfänger und Zahler auseinander, wenn z. B. der Dienst eines sozialen Netzes kostenlos genutzt werden kann, der Erlös aber durch Werbung erzielt wird.

4.3   Disruptive oder graduelle Digitalisierung

Bei der Digitalisierung kann einmal untersucht werden, welche Teile eines bestehenden
Produktes oder Geschäftsprozesses digitalisiert werden können, oder aber das bisherige
Produkt oder der bestehende Geschäftsprozess werden komplett infrage gestellt und ein
neuer Ansatz entwickelt, der erst durch die Digitalisierung möglich ist. Der erste Ansatz
führt eher zu einer graduellen Digitalisierung, der zweite Fall zu einer disruptiven. Beide

Ansätze haben ihre Berechtigung, was am Fall der Digitalisierung im Taxigewerbe gut gezeigt werden kann.

Die Dienste „MyTaxi" oder „BetterTaxi" digitalisieren (und erweitern) den Dienst einer herkömmlichen Taxizentrale, stellen aber nicht den gewerbsmäßigen Taxibetrieb infrage. Dies kann man als graduelle Digitalisierung bezeichnen. Das Unternehmen Uber will dagegen mit seinem Dienst UberPop Mitfahrgelegenheiten von Privatleuten vermitteln und damit das Taxigewerbe aushebeln. Es fußt damit auf dem Null-Grenzkosten-Prinzip, wie es der Zukunftsforscher Jeremy Rifkin beschreibt (vgl. Rifkin et al. 2014). Damit wird ein disruptiver Ansatz verfolgt.

Ähnlich greift das amerikanische Unternehmen Airbnb mit der Vermittlung von Privatzimmern disruptiv das traditionelle Hotelgewerbe an, während der Internetdienst TRIVAGO lediglich die Vermittlung von Hotelzimmern digitalisiert.

Vom Unternehmen Google wird gesagt, dass es nur disruptive Ansätze verfolgt und dieses als Vision 10x bezeichnet. Es möchte mit einem neuen Projekt immer mindestens 10-mal besser sein als eine bestehende Lösung. Deshalb setzt Google bei seiner Autoentwicklung auf komplett fahrerlosen Betrieb und möchte das Nutzungsverhältnis von gegenwärtig 95 Prozent Stillstand und 5 Prozent Fahren eines Autos umdrehen. Sowohl bei Uber als auch bei Google wird das Auto neu positioniert. Der Besitz ist nicht mehr wichtig, sondern lediglich der Zugriff auf die Dienstleistung Mobilität. Die Digitalisierung führt also zu einem völlig neuen, d. h. disruptiven, Geschäftsmodell.

4.4 Organisatorische Treiber des Cloud Computing

Es gibt keine optimale Organisation. Mal besitzt eine zentrale Organisation Vorteile, die ihre Nachteile überwiegen, in einer anderen Situation überwiegen Vorteile einer dezentralen Organisation. Vorteil der Zentralisation ist u. a., dass gleichartige Tätigkeiten gleichartig erledigt werden, „Economies of Scale"-Vorteile genutzt werden können und eine leichtere Kontrolle möglich ist. Die Vorteile der Dezentralisierung sind dagegen die Nutzung individueller Kenntnisse und Anforderungen sowie die höhere Motivation der Nutzer. Auch zwischen einer starken Fokussierung auf optimale Abläufe (Prozesse) und der Ausnutzung von Ressourcen bestehen organisatorische Spannungen.

Bei der Einführung der EDV wurden zunächst zentrale Systeme eingesetzt, sogenannte Großcomputer. Sie kosteten in den 1960er-Jahren des vorigen Jahrhunderts leicht mehrere Millionen Dollars. Der EDV-Leiter setzte sich deshalb zum Ziel, seinen teuren Rechner hoch auszulasten. Auslastungszahlen über 95 Prozent waren keine Seltenheit. Allerdings ging die hohe Auslastung der Ressource „Rechner" zulasten der Benutzerprozesse. Bei den damaligen Time-Sharing-Betriebssystemen entstanden lange Antwortzeiten und die zentrale EDV-Abteilung verwaltete lange Warteschlangen von Benutzeranforderungen für Anwendungen. Also waren die Benutzerprozesse schlecht unterstützt.

Mit der Welle der PCs wurden die Organisationsprinzipien geändert. Der Benutzer erhielt dezentral Zugriff auf seinen eigenen Rechner, hatte keine Wartezeiten und konnte selbst mit Office Software eigene „Anwendungen" entwickeln. Die Benutzerprozesse wurden wesentlich verbessert. Die dezentralen PCs und Server sind heute aber nur noch gering ausgelastet, teilweise nur um 10 Prozent. Jetzt dominiert also die Prozessoptimierung die Ressourcenoptimierung.

Die geringe Ressourcenauslastung bietet nun aber ein Potenzial für eine stärkere Zentralisierung. Das ist genau ein Treiber für Cloud Computing. Die Cloud kann 24 Stunden weltweit genutzt werden und ihre Server haben dadurch eine hohe Auslastung mit entsprechenden „Economies of Scale"-Effekten. Die Zentralisierung eröffnet leichtere Wartung, leichteren Systemschutz, leichtere Updates und leichtere Schulung und Betreuung.

Nun kommt es darauf an, dass die Zentralisierungs- und Ressourcenvorteile nicht zu Nachteilen bei den Benutzerprozessen führen. Der Zugriff zu den Cloud-Diensten muss deshalb so einfach und die Verfügbarkeit des Systems mindestens so hoch sein wie beim PC.

Es gibt aber sehr gute Gründe anzunehmen, dass es gelingt, im Cloud Computing Vorteile von Zentralisierung und Dezentralisierung sowie von Ressourcen- und Prozessoptimierung zu vereinen.

4.5   Mut zum Marketing

Meist werden bei spektakulären Digitalisierungserfolgen amerikanische Beispiele genannt (wie eben mit Uber oder Google vorgeführt). Dabei ist die Digitalisierung ein globales Phänomen und jedes Land und jedes Unternehmen kann seine Potenziale und Stärken nutzen, um herausragende Erfolge zu zeigen. Dabei ist es wichtig, diese auch international durch PR- und Marketing-Aktionen bekannt zu machen. Deutschland und die deutsche Industrie dürfen nicht das Image bekommen, dass sie zwar die ersten Industrialisierungswellen angeführt haben, nun aber bei der Digitalisierung überholt werden. Ergebnisse von Forschungsprojekten oder Exzellenzclustern (OWL = Ostwestfalen-Lippe, Emergente-Software-Cluster Südwestdeutschland) können eindrucksvolle Beispiele aus Deutschland liefern. Musterfabriken wie die des Unternehmens Wittenstein in Fellbach oder Bosch sollten als Leuchtturmprojekte der Digitalisierung herausgestellt werden.

Auch die Gründerszenen in Berlin oder München zeigen erste beeindruckende Erfolge. Die Nachrichten, dass amerikanische Großunternehmen wie Microsoft oder Apple deutsche Start-up-Technologieunternehmen wie die 6 Wunderkinder GmbH oder die Metaio

GmbH zu hohen Multiples (Vielfachen des Umsatzes) gekauft haben, sind einerseits ein Beleg für deren Innovationskraft, zeigen aber auch die Gefahr, dass die Technologie nun mehr im Ausland weiterentwickelt wird. Vielleicht hätten die Unternehmen den internationalen Durchbruch auch eigenständig erzielen können. Hier muss die Gründerszene dringend durch ein Wachstums- und Internationalisierungsprogramm ergänzt werden. Auch die Finanzierungsszene muss danach strukturiert werden, dass nicht der Exit durch den günstigsten Verkauf eines Unternehmens durch die Investoren im Vordergrund steht, sondern das nachhaltige unternehmerische Wachstum des Start-up-Unternehmens.

Auch die Erfolge von XING als sozialem Medium für Berufstätige und von Researchgate als Internetplattform für Forscher zeigen, dass Digitalisierungserfolge aus Deutschland im Bereich B2C möglich sind.

Insgesamt müssen deutsche Unternehmen offensiver zeigen, dass sie die Herausforderungen der Digitalisierung positiv annehmen.

4.6   Viele Hemmnisse der Digitalisierung sind hausgemacht

Innerhalb von Unternehmen ist das von Christensen, von den Eichen und Matzler (2011) beschriebene Phänomen des Innovator's Dilemma ein wichtiges Hindernis für die Digitalisierung. Es beschreibt den Effekt, dass erfolgreiche Unternehmen dazu neigen, ihre Produkte und Dienstleistungen gegenüber neuen Technologien zu verteidigen, wenn diese das bestehende Business-Modell angreifen. Softwarehäuser, die bisher im Wesentlichen Lizenzen verkauft haben, befürchten einen Umsatzrückgang, wenn sie die Software als „Software-as-a-Service" anbieten und nach einem Nutzungsmodell abrechnen. Automobilhersteller befürchten einen Absatzrückgang, wenn sie ihre Fahrzeuge nicht mehr verkaufen, sondern in ein Car-Sharing-Konzept einbringen. Neben der Furcht vor einer Kannibalisierung des bestehenden Business-Modells fürchten Führungspersonen, dass sie bei einem neuen Business-Modell und neuer Technologie ihre persönliche Kompetenz einbüßen. Sie sind aufgrund ihrer Kenntnisse und Erfahrungen mit dem bestehenden Business-Modell erfolgreich geworden und könnten nun von Experten der neuen Ära verdrängt werden. Deshalb sind bestehende Unternehmen bei der disruptiven Digitalisierung eher zögerlich und neigen – wenn überhaupt – eher zum vorsichtigen Einstieg.

Skepsis ist auch vor scheinbar seriösen Argumenten der fehlenden Datensicherheit von neuen Technologien geboten. Dieses Argument wird besonders häufig gegenüber der Nutzung von Cloud-Lösungen angeführt. Hier ist Deutschland besonders sensibel.

Ohne die Bedenken gering zu schätzen, besteht aber bei starkem Zögern die Gefahr, dass sowohl Nutzer der Digitalisierung als auch Entwickler von digitalisierten Produkten und Geschäftsmodellen den internationalen Anschluss verlieren. Diese Diskussion muss deshalb mit Augenmaß und rational geführt werden. Wenn die Nutzer in Deutschland zu vorsichtig sind, werden sich hier weniger Angebote entwickeln und man darf sich nicht wundern, wenn diese dann im Ausland entstehen und nicht zu unserem Rechtssystem und unseren Wirtschaftsregeln passen. Bei einer rationalen Betrachtung würde auch auffallen, dass nicht überall mit dem gleichen Maßstab gemessen wird. Wie wäre es sonst zu verstehen, wenn ein Industrieunternehmen skeptisch gegenüber der Datensicherheit einer Cloud-Lösung ist, aber gleichzeitig CAD-Daten unverschlüsselt per E-Mail zwischen verschiedenen Standorten des Unternehmens versendet?

Auch der Staat verteidigt eher bestehende Konzepte, als dass er neue disruptive Ansätze der Digitalisierung fördert. So verhindert oder erschwert das Urhebergesetz manchen neuen Internetdienst. Dabei wird nicht berücksichtigt, dass dieses Rechtskonstrukt erst wenige Hundert Jahre alt ist und mit der Technologie des Buchdrucks entstanden ist. Wenn es aber mit einer Technologie entstanden ist, dann kann es mit einer neuen Technologie auch modifiziert werden. Viele Autoren und Musiker verzichten inzwischen schon freiwillig auf Urhebervergütungen und stellen ihre Werke zur kostenfreien Nutzung auf YouTube oder ähnlichen Plattformen ins Internet. Sie haben sich mit ihrem Business-Modell bereits angepasst und ziehen einen größeren Nutzen aus einem höheren Bekanntheitsgrad und damit verbundenen lukrativeren Live-Auftritten als aus einem mickrigen Autorenhonorar. Dass Verlage trotzdem noch an ihren Urhebererlösen so lange es geht festhalten und die Politik zu beeinflussen versuchen, ist verständlich. Sie wissen aber selbst, dass sie wohl auf verlorenem Posten sind, und bauen deshalb gleichzeitig ihr digitales Geschäft auf.

Auch Dienste wie Uber werden durch die Personenbeförderungsordnung ver- oder mindestens behindert. Man schützt damit das klassische Taxigewerbe, obwohl dieses selbst früher ohne Skrupel die Pferdedroschken verdrängt hat.

Die Straßenverkehrsordnung erschwert umfassende Praxistests für fahrerlose Personenautos. Das führt dazu, dass inzwischen landwirtschaftliche Fahrzeuge fahrerlos auf landwirtschaftlichen Flächen eingesetzt werden und einen höheren Digitalisierungsgrad haben als PKWs.

Es soll noch einmal betont werden, dass bei diesen Überlegungen jeweils Angebot und Nachfrage betrachtet werden müssen. Verzögern oder behindern wir die Nachfrage nach digitalen Diensten, werden in Deutschland auch weniger Start-ups entstehen oder bestehende Unternehmen solche Dienste anbieten. Vielmehr werden sie in aufgeschloseneren Ländern entwickelt. Neben dem entgangenen wirtschaftlichen Effekt bedeutet dies auch, dass wir die Entwicklung nicht mitgestalten können, sondern später ausländische Systeme einsetzen werden, die nicht unbedingt unseren Vorstellungen entsprechen.

Die Bundesregierung hat mit ihrer „Digitalen Agenda" inzwischen die Bedeutung der Entwicklung erkannt. Der jährliche IT-Gipfel ist Treffpunkt zwischen Politik, Wissenschaft und Wirtschaft, um die Fortschritte der Digitalisierung zu diskutieren.

4.7   Jeremy Rifkin hat recht und hoffentlich auch unrecht

Der Erfolgsautor und Zukunftsforscher Jeremy Rifkin hat in seinen Bestsellern „Digitale Revolution" und „Die Null-Grenzkosten-Gesellschaft" (vgl. Rifkin et al. 2014) einige grundlegende Entwicklungen der Wirtschaft aufgezeigt, die insbesondere durch die Digitalisierung verursacht werden können.

Wichtige Thesen sind:

- Es entstehen durch die Digitalisierung und den generellen technischen Fortschritt immer mehr Produkte, die quasi zu null Grenzkosten produziert werden.

- Das kapitalistische Wirtschaftssystem löst sich auf, und es entsteht eine Gesellschaft, die sich durch Teilen und gemeinsames Nutzen kennzeichnet (Sharing-Economy- und Allmende-Ansatz).

- Durch die Digitalisierung werden viele Arbeitsplätze vernichtet und es entsteht Arbeitslosigkeit.

Der Preisverfall von Produkten und Dienstleistungen durch geringe Grenzkosten ihrer Herstellung ist unübersehbar. Das Speichern von Daten und Ausführen einer Rechentransaktion ist infolge des Mooreschen Gesetzes quasi bei Null-Kosten möglich (vgl. Moore 1965). Das Gleiche gilt für Kommunikationsleistungen (z. B. Telefonieren mit Skype). Auch das Angebot von Bildungsinhalten per MOOCS (Massive Open Online Courses) über das Internet ist zu quasi null Grenzkosten möglich. Auch Mobilität (z. B. Uber) oder Übernachtungen (z. B. Airbnb) sind zu null Grenzkosten möglich. Ebenfalls gilt dies für erneuerbare Energie und die Erzeugung materieller Produkte durch 3D-Druck aus einfachen Materialien (z. B. Sand).

Insgesamt führt dies zu einer Sharing Economy, bei der ein Nutzungszugang wichtiger ist als das Eigentum an Produkten. In den USA wird die „Millenium"-Generation, die die Grundgesamtheit für das neue Verhalten ist, auf rund 80 Millionen Einwohner geschätzt. Von ihnen „arbeiten" bereits viele als Uber-Fahrer oder Teilzeit-Consultants und nutzen Übernachtungen von Airbnb. Sie besitzen kein festes Anstellungsverhältnis und damit keine Bindung an ein bestimmtes Unternehmen, sondern bieten ihre Dienstleistungen als Freelancer über das Internet an. So arbeiten sie für mehrere Auftraggeber gleichzeitig in kleinen Arbeitseinheiten. Die Arbeitsformen erfordern insbesondere neue Formen für soziale Absicherungen bei Arbeitslosigkeit, Krankheit, Rente oder Invalidität und werden in den USA bereits politisch diskutiert. Die Flexibilisierung der Arbeitswelt führt auch zu dem Begriff „Gig Economy". Der Begriff „Gig" wird z. B. von Musikern für ein Auftrittsengagement verwendet; mit Gig Economy wird somit die wechselnde und kurzzeitige Beschäftigung charakterisiert. In Deutschland könnten für die soziale Absicherung der Big Economy Organisation und Erfahrungen der Künstlersozialkasse genutzt werden.

Die Digitalisierung wird viele Büro- und Fabrik-Arbeitsplätze obsolet werden lassen. Dies werden insbesondere Arbeitsplätze für mittelqualifizierte Kräfte sein. Ob das aber zu großen Arbeitslosigkeitsproblemen führen wird, kann angezweifelt werden. Es werden auch neue digitale Dienstleistungen entstehen, sodass auch Arbeitsplätze geschaffen werden. Die langjährige Erfahrung hat gezeigt, dass der technische Fortschritt zwar kurzfristig zu Arbeitsproblemen führen kann, aber mittelfristig neue Beschäftigungsmöglichkeiten schafft, wie auch gegenwärtig der bekannte Fachkräftemangel zeigt.

Der Zusammenbruch der Marktwirtschaft ist ebenfalls unwahrscheinlich. Die Sharing Economy wird sicher in Teilbereichen Wirklichkeit werden, aber nicht das gesamte Wirtschaftssystem dominieren.

4.8   Techniken werden zu Dienstleistungen

Ein wichtiger Treiber der Digitalisierung ist die Entwicklung neuer digitaler Dienstleistungen. Die Tendenz zur Sharing Economy besagt bereits, dass für viele Produkte nicht mehr das Eigentum an ihnen im Vordergrund steht, sondern die Zugriffsmöglichkeit auf ihre Funktionalität. Ein Produkt steht dann vielen Nachfragern abwechselnd zur Verfügung. An einem Auto wird nicht mehr Eigentum erworben, um es zu benutzen, sondern die Funktion Mobilität wird als Dienstleistung von einem Car-Sharing-Anbieter bezogen. Ökonomisch werden Vorteile der Zentralisierung und damit der Economies of Scale genutzt. Das Internet dient dann dazu, die Dienstleistung zu geringen Kosten und in kurzer Zeit zu vermitteln.

Die Tendenz, dass Technologien quasi als Dienstleistung verwertet werden, ist nicht neu. Im 19. Jahrhundert besaßen viele Handwerksbetriebe eine eigene Energieversorgung durch Wasser-, Wind-, Dampfkraft oder Elektrizität und hatten auch eine Wasserversorgung durch eigene Brunnen. Später entwickelten sich dann Energieversorgungs- und Wasserversorgungsunternehmen, die Energie- und Wasserversorgung als Dienstleistung zentral anboten und nach Inanspruchnahme abrechneten.

Diese Entwicklung setzt sich nun durch die Informationstechnik getrieben fort.

Der Wandel vieler Industrieunternehmen zum Anbieter von Dienstleistungen wird auch dadurch verstärkt, dass viele technische Produkte immer schwieriger für den gelegentlichen Anwender zu verstehen sind und der Hersteller höhere Kompetenz für den Betrieb besitzt. So kann ein Hersteller von landwirtschaftlichen Geräten professioneller fahrerlose, satellitengesteuerte Ernteleistungen anbieten und gleichzeitig den Abtransport der Ernte durch eigene Fahrzeuge organisieren. Durch den Zugriff auf die Daten aller Geräte kann er weltweit Vergleiche anstellen und ihren Einsatz optimieren. Damit verfügt er über eine Daten- und Analysemöglichkeit, die ein einzelner Nutzer nicht besitzt.

Die Analyse großer Datenmengen (Big Data) eröffnet generell neue Dienstleistungen und führt zu Unternehmensgründungen. Während früher unter dem Begriff Business Intelligence (BI) mehr eine vergangenheitsbezogene Auswertung von Datenbeständen verstanden wurde, soll nunmehr mit dem direkten Zugriff auf aktuelle Daten sofort auf Ereignisse reagiert werden bzw. sollen vorausschauend Maßnahmen ergriffen werden. Ein Beispiel dafür ist die vorausschauende Wartung (Predictive Maintenance). Durch die aktuelle Analyse des Verhaltens einer Maschine – hier können leicht 100 bis 200 Sensoren zur Beobachtung von Energieverbrauch, Geschwindigkeit, Werkzeugzustand oder Qualitätsmerkmalen des Werkstücks angebracht sein – kann auf baldige zu erbringende Wartungsmaßnahmen geschlossen werden. Hier kann der Hersteller der Anlagen Wartungsdienstleistungen anbieten und durch den Vergleich mit dem Verhalten aller im Einsatz befindlichen Produkte einen Informationsvorsprung gegenüber der Wartungspolitik eines einzelnen Anwenders erzielen. Start-up-Unternehmen können sich auf ausgeklügelte Analysetechniken spezialisieren und mit Anwendern und Systemanbietern zusammenarbeiten.

4.9   Wie beginnt man mit der Digitalisierung?

Da die Digitalisierung alle Produkte und Prozesse eines Unternehmens betrifft und darüber hinaus auch neue Produkte, Dienstleistungen und Prozesse entwickelt werden können, ist eine unternehmensweite Digitalisierungsstrategie ein komplexes Projekt.

Dieses kann nur scheibchenweise realisiert werden. Die Frage ist deshalb, wie diese Scheiben definiert und in welcher Reihenfolge sie bearbeitet werden. Dazu müssen zunächst die Kernprozesse des Unternehmens und die Hauptprodukte identifiziert werden. Bei einer I4.0-Strategie sind z. B. die Logistik, die Produktentwicklung und die Fertigung die Hauptprozesse, die dann weiter in Teilprozesse untergliedert werden. Bei der Priorisierung der zu analysierenden Prozesse und ihrer Digitalisierung ist der Reifegradansatz hilfreich. Hier wird zunächst nach den Kategorien „besser", „gleich", „schlechter" ermittelt, wie der gegenwärtige Qualitätsabstand der Prozesse zur Konkurrenz ist. Dann werden die benötigten Investitionssummen geschätzt. Diese werden auch grob den Kategorien „niedrig", „mittel", „hoch" zugeordnet. In einer Matrix können jetzt Konkurrenzabstand und Investitionskategorien gegenübergestellt werden. Dieses ist eine gute Diskussionsgrundlage. So ist es sicher wenig sinnvoll, einen Prozess mit hoher Priorität zu digitalisieren, der bereits einen Wettbewerbsvorteil besitzt und dessen Digitalisierung hohe Aufwendungen erfordern würde. Umgekehrt würde sich die Digitalisierung eines Prozesses lohnen, der gegenüber der Konkurrenz im Hintertreffen ist und niedrige Aufwendungen erfordert. Selbstverständlich muss die grundsätzliche Verbesserung des Prozesses durch Digitalisierung gegenüber dem gegenwärtigen Zustand bestehen.

Ein zweiter Ansatz (vgl. Scheer 2015) stellt den Kategorien der benötigten Investitionsmittel das Innovationspotenzial der Digitalisierungsmöglichkeiten gegenüber. Hier dominiert eine Digitalisierung mit hohem Innovationspotenzial und niedrigen Investitionsmitteln eine Digitalisierung mit niedrigem Innovationspotenzial, aber hohen Investitionsmitteln.

Trotz dieser an ökonomischen Kriterien orientierten Überlegungen bleiben Räume für unternehmerische und visionäre Ideen, die kaum rechnerisch zu fassen sind. Dieses macht die Digitalisierung spannend, erzeugt Gewinner und Verlierer sowie Chancen für Startups.

4.10   Die Welt wird flach

Ein übliches Mittel, um die Komplexität eines Problems zu reduzieren, besteht darin, es zu strukturieren. Wenn man z. B. ein Buch schreiben will, erstellt man zunächst eine hierarchische Gliederung und orientiert sich beim Schreiben an ihr.

Auch für Unternehmen gibt es vereinfachende hierarchische Strukturmodelle. Für einen Industriebetrieb sind dieses z. B. die hierarchischen Ebenen: Feld, auf dem die Sensoren an einer Maschinenkomponente angebracht sind; Maschinensteuerung, z. B. eine SPS; Station, z. B. eine Maschine; Werkstatt, z. B. ein flexibles Fertigungssystem; Unternehmen. An diesen hierarchischen Ebenen richten sich auch die Informationsarchitektur und der Informationsfluss aus. So werden Fertigungsaufträge auf der Unternehmensebene vom ERP-System erzeugt, der Werkstatt übermittelt und von dort über Manufacturing-Execution-Systeme (MES) an die Fertigungsanlagen verteilt. Diese ordnen die passenden NC-Programme zu und aktivieren Sensoren und Aktoren. Auch der Informationsrückfluss orientiert sich traditionell an dieser Hierarchie.

Unter dem Einfluss der I4.0-Konzeption wird es schwierig, diese Hierarchie aufrechtzuerhalten. Stellt ein Sensor fest, dass eine Maschine nicht mehr die erforderliche Präzision einhält, kann direkt aus der SPS der Maschine eine Nachricht, dass sich der bearbeitete Kundenauftrag verzögern wird, an die Auftragsverwaltung im ERP-System gesendet werden. Gleichzeitig kann sie einen neuen Auftrag anfordern, der eine geringere Präzision benötigt. Horizontal kann die Steuerung die SPS einer anderen Anlage anfragen, ob sie den begonnenen Auftrag weiterbearbeiten kann, also ob die benötigte Präzision bei ihr gesichert ist. Jede Komponente kann im Prinzip mit jeder anderen kommunizieren und die Hierarchien lösen sich weitgehend auf.

Der gleiche Fall tritt auch in der Logistik und im Verwaltungsbereich ein. Der Informationsfluss orientiert sich an den Prozessen und nicht an Hierarchien. Mitarbeiter unterschiedlicher Abteilungen kommunizieren direkt miteinander, ohne den Informationsfluss über ihre jeweiligen Vorgesetzten zu steuern.

Der Fahrgast kommuniziert bei „MyTaxi" direkt mit dem Taxifahrer, ohne eine Taxizentrale einzuschalten.

Die Fahrzeuge eines Lieferanten melden selbstständig ihre erwarteten Ankunftszeiten dem Eingangstor des Kunden, ohne dass die Versandabteilung des Lieferanten und der Wareneingang des Kunden informiert werden.

Systemtechnisch werden alle möglichen Zugangsgeräte wie Smartphones, Tablets, Notebooks, Computer usw. von den Benutzern durcheinander verwendet. Die Anwendungssysteme müssen sich auf die Mischung dieser Kanäle einstellen und immer ansprechbar (responsive) sein. Da ständig auf Ereignisse reagiert werden muss, müssen die Systeme quasi Realtime-fähig und regelgesteuert reagieren. Auch hier müssen sie ständig ansprechbar (responsive) sein. Die von der Scheer GmbH entwickelte Business-Process-as-a-Service(BPaaS)-Architektur folgt diesen Prinzipien (vgl. Scheer 2015).

Die Informations- und Kommunikationsstrukturen bilden somit mehr und mehr horizontale Netzwerke, in denen jeder Knoten über seine logische Verknüpfung des Geschäftsprozesses mit jedem anderen kommunizieren kann. Damit wird der Geschäftsprozess anstelle hierarchischer Gliederungen zum steuernden Prinzip. Standards wie die OPC United Architecture zum sicheren Datenaustausch über System- und Hierarchiegrenzen hinweg sind hierbei hilfreich und Voraussetzung.

Die Welt wird insgesamt „flach" und komplexer.

Deshalb sind die Dokumentation (Modellierung) der Geschäftsprozesse auf der Typebene und die Verfolgung und Speicherung der Prozesse auf der Instanzenebene von immer größerer Bedeutung. In einem Prozessgedächtnis werden dazu alle Geschäftsprozesse mit ihren Daten, Zuständen und Veränderungen über ihre Lebensdauer erfasst und stehen für Analysen und die Einhaltung von Governance-Kriterien zur Verfügung. Transparenz wird zum entscheidenden Beherrschungselement.

4.11 Software Is Eating The World

Dieser Satz von Marc Andreessen, Mitgründer von Netscape und Entwickler des Mosaic-Browsers, bringt es klar zum Ausdruck. Die wichtigste Ressource in der digitalen Welt ist Software. Durch sie werden bestehende Prozesse revolutioniert und neue Dienstleistungen realisiert. Auch die Daten werden durch sie verwaltet und analysiert. Die Beherrschung von Software wird damit zur wichtigsten Unternehmensressource. Industrieunternehmen, die bis heute noch ihre wichtigste Wissensressource durch ihre Konstruktions- und Fertigungsingenieure repräsentiert sehen, verändern sich zunehmend. Sie stellen mehr und mehr Softwareingenieure ein, kaufen Softwareunternehmen auf oder gliedern ihre eigenen IT-Abteilungen zu selbstständigen Unternehmen aus, um ihnen somit einen stärkeren Fokus zu geben und sie einem höheren Innovationsdruck durch den Markt auszusetzen.

Andere Branchen entwickeln sich in die gleiche Richtung. Verlage bauen ihr Internetgeschäft aus und werden zunehmend zu Softwarehäusern. Bei Handelsunternehmen wird der Internethandel zur existenziellen Bedrohung und sie müssen selbst agieren, um nicht verdrängt zu werden.

Die Digitalisierung wird die größte Revolution des 21. Jahrhunderts.

Literatur

Christensen, C. M., Von den Eichen, S. F., & Matzler, K. (2011): The Innovator's Dilemma: Warum etablierte Unternehmen den Wettbewerb um bahnbrechende Innovationen verlieren. München.

Feld, T. u. Kallenborn, M. (2015): Prozesse zeitnah umsetzen – In 4 Schritten zur Business Process App, http://scheer-management.com/whitepaper-prozesse-zeitnah-umsetzen_in-4-schritten-zur-business-process-app/

Moore, G. E. (1965): Cramming More Components onto Integrated Circuits. In: Elctronics, 38, Nr. 8, S. 114-117

Rifkin, J. (2014): Die Null Grenzkosten Gesellschaft, Frankfurt u.a.

Scheer, A.-W. (2015): Industrie 4.0: Von der Vision zur Implementierung, http://scheer-management.com/whitepaper-industrie-4-0-von-der-vision-zur-implementierung/

Autor

Prof. Dr. August-Wilhelm Scheer ist einer der prägendsten Wissenschaftler und Unternehmer der deutschen Wirtschaftsinformatik und Softwareindustrie. Seine Bücher gehören zu den Standardwerken des Geschäftsprozessmanagements; die von ihm entwickelte Managementmethode ARIS für Prozesse und IT wird in nahezu allen DAX-, vielen mittelständischen Unternehmen und auch international eingesetzt. Er ist Gründer erfolgreicher Software- und Beratungsunternehmen, die er aktiv begleitet. Zu den Unternehmen der Scheer Gruppe zählen Scheer GmbH, imc AG, e2e Technologies, IS Predict und Backes SRT. Als Unternehmer und Protagonist der Zukunftsprojekte „Industrie 4.0" und „Smart Service World" der Bundesregierung arbeitet er aktiv an der Ausgestaltung der Digital Economy.

Die Cloud im „Driver's Seat"

Guido Reinking

So buchstäblich geschwind wie Volkswagen, Daimler & Co. wandelt sich keine andere Branche. Und mehr Gas in Richtung Cloud-Nutzung gibt – außer der IT- & TK-Indus-trie selbst – niemand. Aus Autobauern und -vermarktern müssen Mobilitätsdienstleister werden. Die Elektrifizierung des Antriebs und der politische und gesellschaftliche Druck, Mobilität möglichst nachhaltig zu gestalten, sind nur Beispiele für die Pacemaker dieses Wandels. Und die technischen Innovationen der Branche kommen längst nicht mehr aus den Kernbereichen des Maschinenbaus, der Thermodynamik, der Chemie und Physik, sondern aus der Elektronik- und Software-Entwicklung. Die deutschen Autohersteller ha-ben das erkannt. Aber handeln sie auch danach?

Zu Recht erwartet die Branche nichts anderes als „Umbrüche, die man historisch nennen kann" – schon allein für ihre Fertigungsprozesse. Nicht ganz zufällig interessierten sich auf der jüngsten Zulieferermesse IZB selbst CEOs der europäischen Autobauer für Roboter. Konkret solche, die Hand in Hand mit Menschen zusammenarbeiten können. Denn die Robotics-Technologie ist Teil des „zweiten Maschinenzeitalters" („The Second Machine Age"), wie es das Massachusetts Institute of Technology (MIT) genannt hat, in Deutsch-land bekannt unter dem Begriff Industrie 4.0. Doch selbst diese größte Umwälzung in der Automobilindustrie seit der Einführung von Fließband und schlanker Produktion ist ihrerseits nur Teil einer noch größeren Veränderung. Deutschlands Schlüsselbranche, die für jeden siebten Arbeitsplatz im Land steht, sieht sich durch die Digitalisierung aller Le-bensbereiche, durch mobiles Internet und umfassende Vernetzung aller technischen Gerä-te in jedem Glied der Wertschöpfungskette vor einer Zerreißprobe. Neue Anbieter aus der IT-Branche drängen mit neuen Geschäftsmodellen in die etablierten Kundenbeziehungen der Autohersteller. Oder sie bauen gleich Autos, die eher „iPhones auf Rädern" sind als Fortbewegungsmittel, wie Elon Musk zu verstehen gibt, der Gründer des Elektroauto-Pioniers Tesla.

Solche „Mobile Devices" müssen anders konstruiert, produziert, programmiert, vermark-tet und gewartet werden als heutige Autos. Nicht, weil die IT-Branche das gerne hätte, um ihren Anteil an der Wertschöpfungskette in der Automobilbranche zu erhöhen, sondern weil eine neue Kundengeneration heranwächst, die neue Anforderungen stellt. Nur Autos zu verkaufen, wird als Geschäftsmodell zukünftig nicht mehr funktionieren. Die Kunden wollen Mobilität und sind bereit, dafür Geld auszugeben. Aber 20.000, 40.000 oder 60.000

Euro in etwas zu investieren, was anschließend 22 Stunden am Tag ungenutzt vor der Tür parkt, erscheint vor allem der nachwachsenden Generation von Autofahrern sinnlos. Und das ist einer der Auslöser neuer Erfolgsgeschichten, die Mobilitätsangebote wie Car-to-go, DriveNow oder Uber aktuell schreiben.

Kein Wunder, dass der Einfluss der digitalen Welt auf das Automobil in diesen Tagen Branchenthema Nummer eins ist. Heute hat jedes Mittelklasseauto mehr Software an Bord als ein Airbus A 320. Mit einer gravierenden Konsequenz: Obwohl alle Autohersteller im Silicon Valley auf Einkaufstour sind, Soft- und Hardware-Firmen übernehmen und Programmierer in nie gekannter Zahl engagieren, müssen sie einsehen: Ohne die Hilfe externer IT-Unternehmen wird es nicht gehen. Etwa bei der Integration tagtäglich neuer Apps, die unzählige Entwickler rund um den Globus 24/7 austüfteln und die gegebenenfalls in kürzester Zeit auf ihre „Fahrtauglichkeit" getestet werden müssen. „Mit den Zigtausenden von Programmierern können wir niemals mithalten", sagt Wolfgang Ziebart, bis März 2015 Technik-Vorstand bei Jaguar Land Rover und ehemaliger Vorstandschef von Infineon. „Den Autoherstellern muss es gelingen, die Gemeinschaft der Applikationsentwickler für sich zu gewinnen. Das ist entscheidend für den Erfolg."

5.1   Der Druck ist enorm

Schon drohen die „Big Boys" des Internets, die etablierten Autohersteller zu überholen, sollten die sich im IT-Wettbewerb nicht schneller bewegen. Google hat sein autonom fahrendes Auto schon vorgestellt. Es passt zu den Vorstellungen junger Menschen, Mobilität nach Bedarf zu kaufen, statt ein teures eigenes Fahrzeug. Auch Apples Autopläne haben Wolfsburg, München und Stuttgart hellhörig werden lassen, wo Daimler, BMW und VW ihrerseits, aber auch Truck-Hersteller wie MAN mit autonomen Autos längst im Straßenverkehr ihre Erfahrungen sammeln. Laut einer repräsentativen Umfrage des Fahrzeugfinanzierers Lease-Trend kann sich schon heute jeder vierte Autokäufer vorstellen, ein Google- oder Apple-Auto zu kaufen oder zu nutzen. Und was die Prognose noch schmerzhafter macht: Diese Kunden sind zumeist männlich und verdienen überdurchschnittlich – eigentlich die klassische Zielgruppe der deutschen Premium-Automarken.

Doch vielleicht steckt hinter der Drohgebärde aus dem Silicon Valley auch ein anderes Kalkül: Lasst ihr uns mit unseren Geschäftsmodellen nicht in eure Autos, dann bauen wir unsere eigenen. Sicher ist: Fieberhaft arbeiten die OEMs weltweit – von Ford über VW bis Toyota – an ihren eigenen IT-Strategien, Apps und Angeboten. Allein die Software-Lösungen für Fahrerassistenzsysteme werden laut einer Studie der Unternehmensberatung Roland Berger bis 2030 ein weltweites Marktvolumen von bis zu 20 Milliarden US-Dollar erreichen. Bis 2018 wird die Zahl der weltweit in Fahrzeugen verwendeten Apps auf rund 270 Millionen wachsen, prognostizieren die Marktforscher von Juniper Research. 2013 waren es erst 54 Millionen. Und laut einer Trendbefragung sind Autokäufer bereit, mehr als 3.000 Euro für sicherheitsrelevante Fahrerassistenzsysteme auszugeben. Die Frage ist, wer diese Software-Lösungen entwickeln und den Großteil des Geschäftes machen wird

– die Autobauer und ihre Zulieferer oder die großen Internet- und Technologiekonzerne. Für Tesla-Manager Philipp Schröder ist klar: „Die Firmen aus dem Silicon Valley glauben zu Recht, dass sie über die Zukunft des Automobils entscheiden." Deshalb sei Tesla auch mehr Software-Entwickler als Autohersteller.

Und wie reagieren die Hersteller? Daran, wie sehr eine neue Technologie die Spielregeln im Mobilitätsmarkt schon einmal auf den Kopf gestellt hat, erinnerte unlängst Daimler-Vorstandschef Dieter Zetsche. Innerhalb von 25 Jahren sei der Dampfantrieb durch Diesel-Lokomotiven und E-Loks verdrängt worden. Keiner der Dampflok-Hersteller hat den Wandel der Antriebstechnologien im Schienenverkehr überlebt. „Das wird uns nicht passieren!", verspricht Zetsche für sein Unternehmen, mit dem klaren „Willen zu Innovationen".

Auch BMW hat die Notwendigkeit zum Wandel früh erkannt und mit dem Project-i ein eigenes Team an die Entwicklung der neuen Autowelt gesetzt. Sichtbarstes Zeichen der neuen Zeit sind Autos wie der i3 und i8, doch für die Zukunft des Unternehmens noch bedeutsamer sind die Entwicklungen unter der Carbon-Karosserie dieser Elektroautos – dort, wo die neue IT-Architektur arbeitet.

5.2   Industrie 4.0: Das neue Maschinenzeitalter

Das Zusammenspiel von Mensch und Roboter ist Teil von Industrie 4.0, der vernetzten, hochautomatisierten Produktion. Beschleunigte Digitalisierung und Vernetzung führen zu einem Innovationssprung in der Robotertechnik. Sensoren, Aktuatoren, Steuerungen und Bildverarbeitung werden immer leistungsfähiger und kostengünstiger. „Roboter, die den Menschen in der Fertigung zur Hand gehen und ihnen schwere körperliche Arbeiten abnehmen, werden die Fabrik der Zukunft prägen. Ihre Stärken sind Kraft und mechanische Genauigkeit als optimale Ergänzung zu Flexibilität, Intelligenz und Sensibilität, die der Mensch mitbringt", sagt Harald Krüger, seit Mai 2015 neuer Vorstandschef bei BMW.

Dass immer mehr Roboter Jobs übernehmen, die zuvor Arbeiter erledigt haben, hat aber nicht nur mit der Gesundheit der Mitarbeiter zu tun. In Deutschland gehen in den nächsten zehn Jahren die Babyboomer, die geburtenstarken Jahrgänge, in den Ruhestand. BMW, Daimler und VW werden dann Probleme haben, die frei werdenden Stellen durch qualifizierte Menschen zu ersetzen. „Die Wirtschaftswunderkinder gehen in den nächsten Jahren auf die 60 zu und dann in Rente", so Horst Neumann, Personalvorstand von Volkswagen, der bestätigt: „Zwischen 2015 und 2030 werden deshalb außergewöhnlich viele Beschäftigte das Unternehmen altersbedingt verlassen." Deshalb sehe VW die Möglichkeit, Menschen durch Roboter zu ersetzen, ohne dass damit die Arbeitslosigkeit steigt, wie dies in den 80er- und 90er-Jahren in vielen Unternehmen der Fall war.

Zudem bringt die Automatisierung einen weiteren Vorteil: Die Arbeitskosten in der Auto-industrie liegen in Deutschland bei rund 40 Euro die Stunde und damit drei- bis viermal so hoch wie in Osteuropa oder China. Ein Roboter kann einen Job in der Montage – einschließlich seiner eigenen Wartung und seines Verschleißes – für drei bis sechs Euro erledigen und wird damit letztlich manchem Kollegen aus Fleisch und Blut in der Mischkalkulation den Job retten. VW-Manager Neumann sieht dadurch mehr Bedarf für Facharbeiter, Meister und Ingenieure mit IT-Qualifikation. Statt schwerer körperlicher Arbeit ist künftig mehr Kopfarbeit gefragt. Auch Volkswagen setzt deshalb an verschiedenen Standorten längst Roboter ein, die Seite an Seite mit Menschen arbeiten.

Grundsätzlich sehen sich die deutschen Autohersteller bei Industrie 4.0 weltweit vorne – auch wegen der Unterstützung durch den hoch entwickelten Werkzeugmaschinenbau und die IT-Unternehmen im Land: So haben u. a. SAP und Telekom ein Konsortium gegründet, um Standards für den neuen Automatisierungs- und Vernetzungsschub in der Produktion zu setzen. Es soll eine geschlossene Prozesskette von der Entwicklung über die Zulieferunternehmen und den Hersteller bis hin zum Service geben. Wann, wo und wie welches Teil von welchem Lieferanten in welches Fahrzeug eingebaut wurde, ist damit erstmalig durchgehend dokumentiert und erleichtert damit auch dem Service in den Werkstätten die Arbeit. So wird die Digitalisierung der Wertschöpfungsketten in der Automobilbranche laut einer PwC-Studie schon in den kommenden fünf Jahren von derzeit 20 Prozent sowohl horizontal wie vertikal auf mehr als 80 Prozent steigen. Schon setzt Volkswagen konzernweit eine Software für Produktdatenmanagement ein, die eine durchgehende digitale Prozesskette von der Konstruktion eines Bauteils bis zur Fertigung darstellt.

Doch solche modernen Produktionsprozesse bergen auch Risiken: Kaum eine Branche ist stärker von Industriespionage betroffen als die Automobilindustrie: Frühzeitig zu wissen, welche neuen Technologien und Modelle in den Entwicklungsabteilungen der Branchenriesen geplant werden, könnte manchem Wettbewerber viel Geld wert sein. Entsprechend skeptisch sind Entwickler, wenn sie ihre Daten mit Zulieferern und Produktion austauschen sollen. Auch deshalb beschäftigt Daimler als einer der ersten deutschen Konzerne eine eigene Arbeitsgruppe aus geübten Hackern. An einem geheimen Ort führen sie Angriffe auf ihren eigenen Auftraggeber aus, um so Sicherheitslücken im internen Firmennetz schnell aufspüren zu können. „Die meisten Hackerangriffe dauern nur wenige Stunden. Doch bis sie erkannt werden, vergehen oft Monate. In diesem Hase-Igel-Spiel wollen wir viel schneller werden", heißt es bei Daimler, wo man auch den Zulieferern strengere Sicherheitsvorgaben auferlegen will. Dabei gehe es auch um die sichere Steuerung internetfähiger Maschinen. Roboter gelten als besonders anfällig, weil sie schlechter geschützt sind als Büroarbeitsplätze. Schon fürchten Sicherheitsexperten, Hacker könnten damit drohen, die Produktion in ganzen Werken zu unterbrechen und so einen Millionenschaden zu verursachen. Das wäre der Albtraum für jeden Produktionschef.

5.3   Vernetzung: Das Auto fährt in der Cloud

Nicht nur vernetzte Werkhallen, Entwicklungszentren und Zulieferer gilt es in der Industrie 4.0 vor Hackerangriffen zu schützen. Künftig kann auch jedes Auto, das nicht nur bei Bedarf auf der Straße, sondern permanent im Internet unterwegs ist, Ziel von Computer-Kriminellen, Viren und Trojanern werden. BMW hat diese Erfahrung gemacht und auch der Tesla S, das erfolgreiche Elektroauto aus den USA, ist bereits von Hackern geknackt worden. Sie konnten über das schlüssellose Einstiegssystem und die mobile App in das Auto eindringen, Türen öffnen, Hupe und Licht betätigen. Ein Horrorszenario vor allem mit Blick auf das autonom fahrende Auto, an dem Hersteller und Zulieferer fieberhaft arbeiten.

Seit der Einführung der ersten elektronischen Kraftstoffeinspritzung von Bosch in den 70er-Jahren sind Autos zu rollenden Computern geworden. Heute sind in einem Oberklassefahrzeug 70 Steuergeräte im Einsatz, verbunden mit drei Kilometern Kabel, die zusammen 60 Kilogramm wiegen. Noch bis vor wenigen Jahren war die IT im Auto zwar untereinander vernetzt, doch nicht mit der Außenwelt. Das ändert sich grundlegend.

Schon heute sind 80 Prozent der Neuwagen vernetzt. In wenigen Jahren wird die Quote 100 Prozent erreichen. Im Bereich der Elektro-Mobilität allein schon durch Lösungen wie den Car Energy Manager, der Flottenbetreiber, aber auch einzelne Fahrzeuge mit den entlang der Strecken verfügbaren Lade-Infrastrukturen vernetzt und deren jeweilige Steuerung optimiert. Dass Fahrzeuge mehr und mehr zum Ort des vernetzten Lebens und Arbeitens werden, ist ein weiterer Grund. Schon heute bringt der Kunde seine digitale Identität über das Smartphone mit ins Auto. Für die Autohersteller, die ihre Fahrzeuge vor allem über die mechanischen Qualitäten definiert haben, bricht damit ein neues Zeitalter an. Die junge Zielgruppe fragt immer weniger nach PS, Fahrkomfort oder Breitreifen, sondern nach der Möglichkeit, zumindest ein paar ihrer liebgewordenen Smartphone-Apps im Auto nutzen zu können.

Darauf müssen Autohersteller reagieren, wollen sie nicht von der Entwicklung abgehängt werden. „Drei Jahre entwickeln wir ein neues Auto, fünf Jahre produzieren wir es und zehn Jahre fährt es dann auf der Straße", beschreibt Wolfgang Ziebart, ehemals Vorstand Technik bei Jaguar Land Rover, das Dilemma der Autoindustrie: Keine noch so intelligente Infotainment-Entwicklung kann über eine so lange Zeitspanne aktuell bleiben, wenn zur gleichen Zeit ein Dutzend neuer Smartphone-Generationen auf den Markt kommt. Die Lösung, die der britische Traditionshersteller für dieses Problem gefunden hat, wird mittlerweile von nahezu allen Autoherstellern geteilt: Statt den Kunden teure Infotainment-Einbauten zu verkaufen, die mit GPS-Navigation, großem Bildschirm und Digitalradio bei Klein- und Kompaktwagen leicht bis zu 20 Prozent des Fahrzeugpreises ausmachen können, wird das Smartphone des Fahrers an den Bildschirm in der Mittelkonsole angeschlossen. Dort kann der Kunde dann alle Apps nutzen, die ihn nicht ablenken und vom Hersteller freigegeben sind. Darum stellt Jaguar im Fahrzeug „nur noch die Funktionen dar, die dort sein müssen, wenn kein Smartphone an Bord ist".

Mit den Incontrol-Apps des Smartphones lässt sich navigieren, Musik hören, der Kalender führen, ein Hotel buchen oder eine Nachricht abrufen. Auf der anderen Seite weiß das Smartphone durch die Verbindung zum Auto immer, wo sich dieses gerade befindet, ob es abgeschlossen ist und wie weit die Tankfüllung noch reicht.

Auch Volkswagen, Mercedes, BMW und Audi folgen der Strategie, das Smartphone einzubinden. Die Industrie hat erkannt, dass die Vernetzung des Automobils nach neuen Geschäftsmodellen verlangt. Der Verkauf sündhaft teurer Infotainment-Lösungen, die dann weniger können als jedes iPhone oder Android-Handy und nach kurzer Zeit veraltet sind, ist nicht mehr zukunftsfähig. Systeme wie Mirror Link (Smartphone-Anbindung), CarPlay (Apple) und Android Auto (Google) – die Einbindung des Smartphones erscheint der Autobranche als Königsweg zur Update-fähigen und effizienten Vernetzung.

Die Frage der Update-Fähigkeit der IT-Systeme ist für die Hersteller von zentraler Bedeutung. Denn nicht nur der Erstkunde eines Neuwagens möchte „up to date" bleiben. Die Vermarktung des Fahrzeugs als Neuwagen ist nur dann ohne exorbitanten Wertverlust möglich, wenn die IT-Lösungen im Auto nicht so alt aussehen wie ein Röhrenradio neben einem MP3-Player. Sinkt der Restwert im Gebrauchtwagenbestand des Autohandels um nur zwei Prozent, bedeutet dies für die Branche einen Verlust von rund einer Milliarde Euro (Quelle: eigene Berechnung). Bereits heute lassen sich für Navigationssysteme, deren Kartenmaterial umständlich mit teuren DVDs aktualisiert werden muss, im Handel kaum noch Aufpreise erzielen. Im Gegenteil: Ein veraltetes Navi mindert eher den Preis eines Gebrauchtwagens. Im Auto der Zukunft wird die Software per Update aus dem Internet aktualisiert. Online-Navigation ermöglicht den ständigen Zugriff auf das aktuelle Kartenmaterial samt Verkehrsinformationen in Echtzeit.

Und weil die Autobauer ihre eigenen Geschäftsmodelle etablieren, um das Heft des Handelns nicht ganz aus der Hand zu geben, tobte etwa um Nokias Kartendienstleister Here monatelang ein heftiger Übernahmekampf – zwischen einem Konsortium deutscher Premium-Hersteller aus Audi, BMW und Daimler sowie branchenfremden Bietern wie Facebook oder dem Mitfahrdienst Uber. Here gilt als einziger Anbieter, der dem übermächtigen Kartendienst von Google ernsthaft Konkurrenz machen kann. Denn wer die Daten hat, hat das Sagen. Und Here hat eine Menge Daten: Jede Straße wird mit 400 Informationen verknüpft – von der Zahl der Fahrspuren über Tempo-Limits bis zu Restaurants oder Geschäften. Im Rechenzentrum, der Nokia Location Cloud, liegen die Informationen zum Abruf bereit. Klar, dass so große Datenmengen im Auto kaum mehr bewältigt, geschweige denn aktualisiert werden können. Das Auto der Zukunft fährt deshalb nicht mehr nur auf der Straße, sondern auch in dedizierten AutoClouds.

Anders als aktuelle Navigationssysteme im Auto oder die Navi-App im Smartphone, die nur einen kleinen Teil der verfügbaren Daten anzeigen, braucht das vernetzte, hochautomatisierte und autonome Fahren Cloud-Plattformen, die die parallele Sammlung, Verarbeitung und Aggregation verschiedenster Sensordaten und Umgebungsinformationen von großen Fahrzeugflotten in Echtzeit hochverfügbar halten. Insofern ist es keine Überraschung, dass „Big Data", die ständig wachsende Datenmenge, die der Autoverkehr generiert, die Branche in Atem hält: Volkswagen hat in München ein eigenes DataLab gegründet, das sich speziell mit großen Datenmengen beschäftigt. Damit werden viele Geschäftsmodelle denkbar, von denen Marketing-Fachleute früher nur träumen konnten: Autofahrer werden zu Restaurants gelotst, die dafür etwas zahlen müssen. Oder zum nächsten freien Parkplatz. „Ein Auto kann bei der Fahrt durch die Stadt freie Parkplätze erkennen und diese Information anderen Fahrzeugen zur Verfügung stellen", sagt Ulrich Eichhorn, technischer Geschäftsführer des VDA. 30 Prozent des Innenstadtverkehrs werden durch die Parkplatzsuche verursacht, so Eichhorn. Ein System, das einem Fahrer den nächsten freien Parkplatz anzeigt, wird viel von diesem unnötigen Verkehr vermeiden. „Ein großer Autohersteller könnte diese Information zunächst nur seinen Kunden zur Verfügung stellen." Oder sie gegen eine Gebühr an Dritte verkaufen.

Solche möglichen Geschäftsmodelle sind es, die die Branche derzeit elektrisieren. Basierend etwa auf Fahrassistenz-Systemen, die – wie die auf der IAA vorgestellte AutoApp – neben vielfältigsten Diensten wie Wetterdaten, Raststätten-Infos oder Notruf-Services auch situationsspezifische Fahrempfehlungen in Echtzeit geben. Auch deshalb wollen die Autohersteller den Bildschirm im Auto nicht kampflos dem Silicon Valley überlassen. „Die Hoheit über die Betriebssysteme im Auto hat allein der Hersteller, und das wird auch in Zukunft so bleiben", hofft Audi-Chef Rupert Stadler. Vor allem im Hinblick auf alle Funktionen, die mit Sicherheit, Wartung und Fahrerassistenzsystemen zu tun haben, will sich die Branche nicht reinreden lassen. Das gilt insbesondere für den komplexesten aller elektronischen Assistenten, das autonom fahrende Auto. Seit Google sein Roboter-Auto vorgestellt hat, haben die etablierten Autobauer Europas, Asiens und der USA ihre Anstrengungen in dieser Richtung nochmals erhöht.

Einen konkreten Starttermin für das vollständig pilotierte Fahren mag in der Branche niemand nennen. Auch wenn die Technik schon bald so weit ist. Doch zum einen sind die Haftungsfragen ungeklärt: Wer zahlt, wenn ein solches Auto einen Unfall verursacht – der Nutzer oder der Hersteller? Zum anderen sind manche technologischen Hürden längst nicht überwunden. Beim pilotierten Fahren darf dem Autopiloten kein Fehler passieren. Hier gilt: Qualität der Entwicklung geht vor Geschwindigkeit.

Zudem müssen pilotierte Autos eine zuverlässige, schnelle Internetverbindung haben, sollen sie sich nicht nur in definierten Umgebungen wie Parkhäusern oder Innenstädten sicher bewegen. Und sie benötigen „künstliche Intelligenz". Denn ein Autofahrer weiß intuitiv, dass aus einer Gruppe von Kindern eines auf die Straße laufen kann. Hier hat der Mensch mit seinem Erfahrungsschatz einen gewaltigen Vorsprung vor der Maschine, die zwar 20-mal schneller reagieren kann, aber trotz Laserscanner und Bildanalyse für viele Situationen blind ist. Das Centre of Automotive Research an der Stanford University hat errechnet, dass ein Autofahrer nach dem Erwerb des Führerscheins sieben Jahre braucht, bis er beim Antizipieren von Verkehrssituationen sicher ist. Der Mensch verursacht dennoch 90 Prozent aller Verkehrsunfälle. Dem Roboter-Auto wird man eine solche Fehlerquote nicht durchgehen lassen.

5.4   Neue Technologien – neue Skepsis?

Eine Entwicklung, die von den Assekuranzunternehmen genau beobachtet wird – wenngleich sie auch ihre neuen Geschäftsmodelle zunächst noch auf den Unfallverursacher Nummer eins aufbauen, den Fahrer. Erste Versicherer bieten „Pay as you drive"-Tarife an. Eine Blackbox im Auto zeichnet ständig das Fahrverhalten und den Ort des Fahrzeugs auf. Wer sich regelkonform verhält oder – zum Beispiel als Fahranfänger – auf unfallträchtige Touren Samstagnacht verzichtet, zahlt eine günstigere Prämie. Doch seit ein Anbieter dafür den „Big Brother Award" für Daten-Sammelwut bekommen hat, ist die Versicherungsbranche in Deutschland vorsichtig geworden und hält sich mit weiteren solchen Angeboten noch zurück.

Während man in den USA oder China eher die Chancen der neuen Technologien sieht, überwiegt in Deutschland einmal mehr die Angst vor den Risiken. Vor allem der ungeklärte Datenschutz ist es, der vielen Geschäftsmodellen Grenzen setzt. Und die Daten, die bereits heute jedes vernetzte Auto generiert, wecken bei vielen Unternehmen Begehrlichkeiten.

Aber wem gehören die Daten? Selbst Juristen sind sich darüber nicht einig. Während die Verbraucherzentralen versichern, „die Daten in ihrem Auto gehören grundsätzlich den Autofahrern", schreibt der Kasseler Jura-Professor Alexander Roßnagel in einem Aufsatz: „Kfz-Daten sind immaterielle Informationen und unterliegen daher nicht einer Eigentums- und Besitzordnung."

Schon heute wird bei der Wartung eines Fahrzeugs von der Werkstatt der Fehler- und Datenspeicher ausgelesen. Solche Daten werden bereits auch online übermittelt. Mercedes-Entwicklungschef Thomas Weber verspricht deshalb: „Bei der Entwicklung des voll vernetzten Fahrzeugs hatten wir das Thema Datenschutz von Anfang an im Fokus. Das Auto der Zukunft wird mehr und mehr zum digitalen Begleiter. Das bedeutet gleichzeitig, dass es nicht nur verkehrs- und betriebssicher, sondern auch datensicher sein muss." Dieser sorgfältige und sichere Umgang mit Daten sei ein zentraler Faktor für die Akzeptanz der neuen Technologien.

Die Akzeptanz, das wissen auch die Verantwortlichen der Industrie, wird umso größer, je mehr der Autofahrer von der Datenverarbeitung profitiert. Umfragen zufolge findet eine weit überwiegende Zahl der Autofahrer richtig und wichtig, dass Fahrzeuge Daten, die zur Verkehrssicherheit beitragen, weitergeben. Andere Verkehrsteilnehmer vor Gefahrenstellen, Staus und Unfällen zu warnen, ist also kein Problem. Das dürfte sich ändern, wenn der Fahrer auf sein Display ungefragt Angebote von Restaurants, Geschäften und Tankstellen bekommt, weil diese wissen, dass er in der Nähe ist.

Für einen Gewinn an Komfort und Lebensqualität dürften Autokunden jedoch bereit sein, die weitgehende Vernetzung ihres Fahrzeugs zu akzeptieren. Etwa wenn sich zu Hause – wie es die Funktion „Smart Home Integration" auf der BMW-Plattform ConnectedDrive ermöglicht – automatisch die Zimmertemperatur erhöht, sobald sich der Fahrer seinem Heim nähert, oder wenn das Fahrzeug einen beginnenden Verschleiß eigenständig erkennt und mit der Werkstatt einen Wechsel der abgenutzten Bremsbeläge vereinbart. Solche Services werden heute bereits als herstellerunabhängige Nachrüstlösungen angeboten.

Auch für die über 33.000 Werkstätten in Deutschland brechen neue Zeiten an. Experten aus dem Volkswagen Data Lab in München haben mit Big-Data-Technologie ein Prognosemodell für künftige Ersatzteilbedarfe entwickelt. Dafür untersuchten sie mehr als 32 Millionen Datensätze und entwickelten einen Algorithmus, der den Teilebedarf für das gesamte Sortiment bis zu 15 Jahre nach Fahrzeug-Produktionsende prognostizieren kann. Mittlerweile kann IT sogar vorhersagen, wann ein Fahrzeug in die Wartung muss.

Mit den fahrzeugbezogenen Daten lässt sich zudem ein alter Traum aller Autoverkäufer realisieren: eine treffende Bedarfsanalyse. Welches Fahrzeug mit welchem Antrieb braucht der Kunde tatsächlich, um seine Mobilitätsbedürfnisse zu erfüllen? Und sollte er dafür lieber mit Benzin-, Diesel- oder Elektroantrieb fahren?

5.5   Auch Autohäuser müssen umrüsten

Doch bevor solche Zukunftspläne umgesetzt werden, müssten die Autohäuser mit den heute schon vorhandenen digitalen Marketing- und Vertriebskanälen klarkommen. In diesem Sinne muss sich auch der Autohändler verstärkt digitalisieren, um die Nähe zum Kunden über Lösungen wie PLM (Product Lifecycle Management), CEM (Customer Experience Management) und Co. aufrechtzuerhalten. Mit einer mobilen Plattform rund um die Uhr erreichbarer Cloud-Dienste, die den gesamten Lebenszyklus der Kundenbeziehungen abdecken. Einfach durch Vernetzung des Kunden mit dem Autohersteller, dem Autohaus, dem Fahrzeug seiner Wahl und der Werkstatt des Händlers.

Die Datenmengen, die nur noch in der Cloud zu verarbeiten sind und schnelle, stabile Datenverbindungen erfordern, verändern auch die Autohandels-Landschaft rapide. Audi, BMW und Mercedes präsentieren in ihren so prestige- wie kostenträchtigen City-Lagen – neben wenigen echten Autos – die Mehrzahl ihrer neuen Modelle auf großen Flachbildschirmen und Tablets. Dafür wurden alle Fahrzeugdaten der Modelle digital aufbereitet. Allein die Audi City in London hat dafür 17 Terabyte auf ihren Servern. „Der Autohandel", sagt BMW-Vorstand Ian Robertson, „ändert sich so schnell wie die Produkte, die dort verkauft werden." „Future Retail" hat BMW diesen Prozess genannt, dessen virtuelle Produktpräsentation bereits in vielen Niederlassungen der Konzernmarken Alltag ist.

Nicht nur im digitalen Vertriebsprozess fallen gigantische Datenmengen an: „Ein autonom fahrendes Auto produziert Daten, die schnell Größenordnungen von mehreren Terabyte erreichen. Die sind im Fahrzeug kaum zu verarbeiten und nicht zu speichern", sagt Thomas Schiller, Partner der Unternehmensberatung Deloitte. Für die Infrastruktur-Investitionen, die dadurch erforderlich werden, gebe es noch keine Lösung, so Schiller. Eine Speicherung im Auto fülle derzeit noch den gesamten Kofferraum aus. Auch wenn die Computer im Auto immer leistungsfähiger werden: Prozessoren mit fast 200 Kernen, wie sie Audi auf der CES in Las Vegas ankündigte, fanden früher nur in Supercomputern Verwendung.

Mitunter aber zeigen ambitionierte Projekte auch die Grenzen der Vernetzung: die Infrastruktur. Die kontinentale Einführung von eCall zum Beispiel. Verschoben auf 2018, sollte das System, das einen Unfall automatisch über die europaweit gültige Notrufnummer 112 an die nächste Einsatzzentrale weiterleitet, schon 2015 eingeführt werden. Doch in vielen EU-Ländern fehlt es schlicht an der Technik, das Notrufsignal zu empfangen. Es enthält die GPS-Daten des Fahrzeugs, die Zahl der Insassen und die Fahrtrichtung. Ausgelöst wird das Signal, sobald sich im Fahrzeug ein Airbag geöffnet hat.

Damit die Bandbreiten und Kapazitäten für die vernetzte Mobilität ausreichen, sind immer schnellere Mobilfunknetze nötig. Im Moment ist LTE der schnellste Standard. Doch 2020 kommt die fünfte Generation (5G), die eine Datenrate von bis zu einem Gigabit pro Sekunde ermöglicht – zehnmal so schnell wie der heutige LTE-Standard.

5.6   Fazit: Eine Branche im Umbruch

Beim Thema Industrie 4.0 sind die deutschen Autobauer und ihre Zulieferer gut in der Spur. Bei der Vernetzung des Autos und dessen Versorgung mit Applikationen aus der Cloud hat die IT-Industrie die Nase vorn. Deshalb ist nicht sicher, ob die Mobilitätsangebote der Zukunft aus Stuttgart, Bayern oder Wolfsburg kommen – oder aus dem Silicon Valley. In den Megacitys und Großstädten, in denen schon heute die Hälfte der Menschheit wohnt, sinkt die Quote der Fahrzeugbesitzer. Dort, wo es unter hohem Verkaufsaufkommen mehr Stress als Freude am Fahren gibt, wird der Vorsprung durch Technik nicht mehr in PS gemessen, sondern in Gigabyte und Megabit pro Sekunde. Das Internet und die Cloud haben die Art, uns zu informieren, verändert wie das Auto unsere Mobilität. Das Ergebnis werden Fahrzeuge sein, die autonom fahren, dank schneller Datenanbindung in die Cloud mit dem gesamten Umfeld und anderen Fahrzeugen kommunizieren sowie emissions- und unfallfrei sind.

Literatur

Auto Bild Marktbarometer 2015, http://www.axelspringer.de/presse/AUTO-BILD-Markt-barometer-2015-Connected-Car-Ausstattung-fuer-Autokaeufer-immer-wichti-ger_22815663.html, zugegriffen am 06.10.2015

FAZ Forum, http://www.fazforum.com/industriegesellschaft2015/150304_FAF_Huether_IW.pdf, zugegriffen am 06.10.2015

FAZ Printausgabe, 6.4.2015; online http://blogs.faz.net/adhoc/2015/04/06/apple-auto-interessiert-reiche-junge-maenner-1003/, zugegriffen am 06.10.2015

Gastbeitrag „autogramm" Horst Neumann, http://autogramm.volkswagen.de/11_14/aktuell/aktuell_04.html, zugegriffen am 06.10.2015

Juniper Research: Connected Cars – Telematics at a Crossroads, 27.5.2014, http://www.juniperresearch.com/whitepaper/connected-cars, zugegriffen am 06.10.2015

KPMG Cloud Monitor 2015, https://www.bitkom.org/Publikationen/2015/Studien/Cloud-Monitor-2015/Cloud_Monitor_2015_KPMG_Bitkom_Research.pdf, zugegriffen am 06.10.2015

Manager-Magazin vom 16.12.2014: „Car Wars", https://heft.manager-magazin.de/digital/#MM/2014/11/129945030, zugegriffen am 06.10.2015

Rede von Harald Krüger, Mitglied des Vorstands der BMW AG, Produktion, anlässlich der Produktion des dreimillionsten MINI im Werk Oxford.

Roland Berger: „Studie Automatisierte Fahrzeuge" 2. Quartal 2015; http://www.rolandberger.de/media/pdf/Roland_Berger_Index_Automatisierte_Fahrzeuge_Q2_2015_d_20150820.pdf, zugegriffen am 06.10.2015

Wirtschaftswoche vom 26.7.2014, http://www.wiwo.de/unternehmen/auto/cyberabwehr-bei-daimler-interne-hacker-spezialeinheit-attackiert-firmeneigenes-netz/10250764.html, zugegriffen am 06.10.2015

Zeitschrift für Straßenverkehrsrecht, Ausgabe 08/2014, Seite 16

Autor

 **Guido Reinking** ist Chefredakteur der Messeplattform „New Mobility World", Geschäftsführer der Medienagentur Guido Reinking Automotive Press und schreibt als freier Autor unter anderem für das Wirtschaftsmagazin „Capital". Er beobachtet die Automobilindustrie als Journalist seit nunmehr zwei Jahrzehnten, zunächst für die „Welt am Sonntag", dann für die „Financial Times Deutschland" und von 2006 bis 2014 als Chefredakteur der Fachzeitschrift „Automobilwoche". Dabei stellte er vor allem die Globalisierung und Digitalisierung der Branche in den Mittelpunkt der Berichterstattung. Reinking gilt als versierter Kenner der Automobilindustrie und kommentiert deren Entwicklung regelmäßig auf dem Nachrichtensender ntv und in RTL.

Die Cloud in der Praxis

6

Frank Strecker, Jörn Kellermann

Die Cloud setzt Trends, ermöglicht neue Geschäftsmodelle und ist der Motor der Digitalisierung. Doch wie sieht in der Praxis ein solches Cloud-Modell aus, das in der Lage ist, das neue Potenzial für Unternehmen und Wirtschaft auch wirklich zu heben? Das Bewusstsein in den Köpfen der Entscheider für digitale Strategien ist die eine – wenngleich sehr wichtige – Seite der Medaille. Es geht jedoch darüber hinaus auch um die richtige Unternehmensaufstellung – technisch wie strategisch. Und diese Frage betrifft IT-Dienstleister und sämtliche andere Unternehmen gleichermaßen. Partnerschaften (sowohl branchenübergreifend als auch branchenintern) sind hier ein wichtiger Baustein. Die richtige Vertriebsstrategie auf neuen digitalen Wegen ein weiterer. Und zu guter Letzt muss die Basis stimmen, um zukunftsfähige digitale Konzepte überhaupt zu ermöglichen: die Technologie im Rechenzentrum – in Form von virtuellen IT-Ressourcen, als Infrastructure-as-a-Service (IaaS) bereitgestellt, um den Prinzipien Einfachheit, Sicherheit und Bezahlbarkeit gerecht zu werden. Hier spielen auch die Faktoren Verfügbarkeit und Skalierbarkeit eine weitere wesentliche Rolle. Digitale Sales-Konzepte, Partnering, IT-Liefermodelle und Sicherheits- bzw. Datenschutzaspekte sind daher Themen, die rund um die neuen Ideen und Innovationen auf den Prüfstand müssen, damit aus Ideen auch erfolgreiche Business-Konzepte erwachsen. Mit diesen Themen befasst sich dieses Kapitel in zwei Teilen.

6.1 Kräfte bündeln, Stärken nutzen: Partnering in der Cloud

Es sind längst nicht mehr bloß die IT- und TK-Unternehmen, die sich inmitten einer umfassenden Transformationsphase neu aufstellen müssen. Über kurz oder lang unterliegen alle Unternehmen und Geschäftsmodelle der digitalen Transformation. Das ist *die* Chance der IT-Unternehmen. Denn IT ist nicht Commodity. Sie ist Basis erfolgreicher neuer Geschäftskonzepte. Der Cloud kommt dabei eine Schlüsselrolle zu. Sie legt den technologischen Grundstein für die Agilität, die der Markt heute – und in Zukunft noch viel mehr – fordert. Ganz gleich, ob es um die Vernetzung von Maschinen in der Industrie geht, die Bewältigung großer Datenmengen oder Plattformen für Tausende weltweit verteilte Mitarbeiter: Unternehmen sind auf skalierbare, hoch flexible Plattformen angewiesen, um sich der Aufgabe „Digitalisierung" stellen zu können. Und zwar in jeder Branche. Erst die Cloud ebnet den Weg für digitalisierte Geschäftsprozesse, Produkte und durchdigitalisierte Unternehmensstrategien – und erschließt so nicht zuletzt neue Vertriebspotenziale. Sie schafft eine Plattform, um Kunden noch besser zu erreichen, zu verstehen und zu vernetzen. Zugleich stellt sie Unternehmen aber vor eine eklatante Herausforderung: Sie müssen ihre IT modernisieren und so weit stabilisieren, dass sie die innovativen Services schnell und skalierbar bereitstellen können. Allein schon um ihre Zielgruppen individuell und zielgerichtet auf den digitalen Kanälen mit neuartigen Produkten anzusprechen. Das gelingt nicht alleine, sondern nur in einem richtigen Ökosystem – sprich: mit Partnern. Denn auf sich selbst gestellt, wird nicht mal ein IT-Provider diese Aufgabe langfristig – quasi als Solist – stemmen können. Partnering ist somit ein wesentliches Element in der Sales-Strategie von Unternehmen am digitalen Marktgeschehen.

6.1.1   IT und Kunde im Fokus

Schon die vorangegangenen Kapitel haben gezeigt: IT und mit ihr die Cloud sind für heutige – und erst recht zukünftige – Geschäftsprozesse und -modelle Grundvoraussetzung. Ohne IT kein Online-Banking, kein autonomes Fahren, keine wirtschaftliche Produktion, keine Geschäftsfähigkeit. Und: ohne IT keine Kunden. Denn Cloud-basierte Lösungen sind auch in den Vertriebswegen und Kundenansprachen unverzichtbar. Schließlich agieren Kunden in vielerlei Form heute online. In diesem Sinne hat die Digitalisierung längst für eine Verschiebung der Machtverhältnisse gesorgt, und in vielen Wertschöpfungsketten hat der Kunde heute das Zepter in der Hand. Denn er ist „always on" und bestens informiert. Die Unternehmen sind das hingegen oftmals noch nicht. Jedenfalls nicht in der Form, in der sie es sein müssten. Zu wenig wissen sie darüber, welche Zielgruppe welches Produkt in welcher Form nutzt. Diese Wissenslücke gilt es zu schließen. Indem sich Unternehmen – genauso wie die Kunden – die Vorteile der Digitalisierung zunutze machen, die Cloud sozusagen als Vertriebskanal nutzen und ihre Zielgruppe am neuen Ort des Geschehens individuell abholen. Und indem sie diesen Weg mit den dafür notwendigen Spezialisten gehen. Und zwar branchenübergreifend – denn auch jahrzehntealte Traditionsunternehmen müssen ihrer Zielgruppe zusätzliche Anreize auf neuen Kanälen bieten und sie mit innovativen Produkten überzeugen. Die Digitalisierung erfordert also nicht nur eine Transformation der eigenen Geschäftsmodelle, sondern auch der Vertriebswege, Kundenansprachen und Kooperationsmodelle. Doch was bedeutet das konkret für die Sales-Strategie eines Unternehmens?

Um das zu erörtern, sollte zunächst ein Grundverständnis für die aktuellen Entwicklungen am Markt gegeben sein. Denn die Digitalisierung in Berufs- und Privatleben hat zu Veränderungen geführt, die sich intensiv auf die Ausrichtung der Unternehmen auswirken und ihnen eine enorme Flexibilität abverlangen. Das umfasst im Wesentlichen drei Trends, die derzeit den Markt beeinflussen:

– Erhöhte Transparenz: Preisvergleiche, Leistungsbeschreibungen, Kundenmeinungen etc. – das Internet macht es möglich. Kunden können sich bis ins Detail über die für sie relevanten Eigenschaften zu einem Produkt informieren und sich einfach das für sie passende Angebot aussuchen. *Den* Anbieter oder *das* Produkt gibt es nicht mehr.

– Akzeptanz von Standards: Die Schnelllebigkeit des Marktes ebenso wie neue Kommunikationskonzepte – beispielsweise unternehmensweite Collaboration-Lösungen oder der weltweite Rollout virtueller Workplace-Lösungen – schaffen allein schon aus wirtschaftlichen Gründen eine deutlich höhere Akzeptanz für Standards, als das noch vor ein paar Jahren der Fall war.

– Produktvielfalt: Immer weitere Teilnehmer bieten über neue Marktplätze wie das Internet ihre Produkte global an. Die dadurch entstandene Dynamik verlangt Unternehmen deutlich mehr Flexibilität und Reaktionsfähigkeit ab.

Diese Trends zeigen: Die zunehmende Agilität und Schlagkraft am Markt erfordern einen weit gefächerten Sales-Prozess und starke Partnerschaften. Mehr denn je heißt es also: Kräfte bündeln – um bestmöglich auf die neuen Kundenanforderungen zu antworten.

6.1.2 Mit dem Kunden gleichziehen – mit Omnichannel

Die Zeiten des Handlungsreisenden im Mantel, mit Hut und großem Koffer sind lange vorbei. Die des klassischen Verkäufers allerdings auch – ganz gleich, ob im Außendienst oder als Fachkraft im Geschäft. Zumindest in dieser Form und als einziger Kontakt zum Kunden. Denn den Verkaufsprozess „one of a kind" wird es in der Zukunft so nicht mehr geben. Vielmehr gilt es, auf Kundenwünsche direkt reagieren zu können, eben „always on" zu sein – wie der Kunde selbst. Nehmen wir das Beispiel Unterhaltungselektronik: Vor einem oder zwei Jahrzehnten hat ein Hersteller von Fernsehern, Laptops oder HiFi-Anlagen ein Kunden-Feedback auf das Produkt, dessen Lob und Kritik vielleicht über den Verkäufer im Elektronikfachgeschäft erfahren. Nach Wochen, Monaten oder gar erst beim nächsten Besuch im Geschäft – sofern es ein markentreuer Kunde war. Hinzu kamen Testberichte in der Fachpresse. Doch das Tempo des „Feedbacks" der Kunden hat sich rasant weiterentwickelt und ist geschäftsentscheidender denn je. Es wird mit einer ganz anderen Tragweite diskutiert – in Foren, auf Facebook, auf privaten Blogs – belegt durch Fotos, Videos und zustimmende „Likes". Das ist für den Hersteller ein großer Vorteil, wenn vor allem positive Erfahrungen geteilt werden – aber zugleich auch die 24/7-Einladung zu Kritik oder konkreten Verbesserungsvorschlägen. Die Konsumenten feilen auf diesen Kanälen sozusagen permanent am öffentlichen Bild einer Marke und prägen so dessen Konturen. Darauf muss ein Unternehmen reagieren können. Durch die gleiche Schnelligkeit auf denselben Kanälen. Und zwar nicht nur durch einen Kommentar auf einem Blog, sondern auch, indem es wenn nötig direkt seine Produktion den neuen Wünschen anpasst oder ganz neue Produkte entwickelt – und diese wiederum auch auf allen Kanälen präsentiert. Das heißt im nächsten Schritt allerdings auch, dass das Kunden-Feedback nicht mehr nur direkte Auswirkung auf Maßnahmen der Kundenbetreuung bzw. des Customer Relationship Management (CRM) haben darf, sondern gleichermaßen transparent für die Produktion, Zulieferer oder die eigene Forschungs- und Entwicklungsabteilung gemacht werden muss – selbstverständlich unter höchsten Datenschutzvoraussetzungen.

Um Kunden hier bestmöglich einzufangen, ist Omnichannel-Präsenz das Gebot der Stunde. Ein Online-Shop oder ein Verkaufsraum alleine reichen nicht mehr aus. Der „Retail Report 2016" fasst dies bereits sehr treffend als PoS – Point of Situation – zusammen. So ist nicht mehr bloß das Wie, sondern eben auch das Wo relevant, wenn beispielsweise der Handel seine Kunden bestmöglich erreichen möchte. Das erfordert unter anderem individuellere, flexiblere und anpassungsfähigere Verkaufsflächen (vgl. Zukunftsinstitut 2015). Mehr noch: Ein Gesamtpaket perfekt aufeinander abgestimmter Maßnahmen über sämtliche Kanäle hinweg ist gefragt – möglichst innovativ und intelligent. Die Brücke zu den neuen Kanälen schlägt die Cloud. Sie macht Apps verfügbar, schafft die Basis zu anonymen Trendauswertungen aus Social-Media-Kommentaren, stellt Online-Shops selbst bei hohem Besucher-Ansturm bereit oder liefert die Basis für Telepresence- oder Websession-Lösungen, die im B2B-Umfeld in der Kundenbeziehung ein wichtiges Instrument geworden sind. Die Cloud schafft hier demnach *die* Nähe zum Kunden, die notwendig ist, um ihn zu überzeugen und zu binden. Denn sie ermöglicht ein nahtloses Einkaufserlebnis für die Kunden – und gleichzeitig, mehr Verständnis für die Kundenwünsche zu erhalten. Das Bewusstsein für die Notwendigkeit entsprechender Maßnahmen ist bei den Unternehmen bereits geschärft: Durchschnittlich immerhin 29 Prozent der finanziellen Mittel investieren die CEOs der 250 größten Händler 2015 in die Optimierung ihres Omnichannel-Fulfillments (vgl. PWC 2015). Und das ist sicherlich erst der Anfang.

Ein ebensolches „Rundum-sorglos-Erlebnis" könnte im Idealfall beispielsweise wie folgt aussehen: Der Kunde konfiguriert sein Wunschauto am PC, arbeitet am Tablet unterwegs daran weiter und diskutiert Fragen mit dem Hersteller direkt online über einen Chat. Abends an der Bushaltestelle gestaltet er das Interieur seines Wagens am Bildschirm im Wartehäuschen und lässt Farben und Materialien auf sich wirken.[1] Einige Tage später geht er in den Showroom des Autohändlers, um sein Auto virtuell Probe zu fahren. Letzte Fragen sind geklärt und der Verkäufer kann darüber hinaus zusätzliche Features anbieten, an die der Kunde selbst noch gar nicht gedacht hat – weil der Händler seinen Kunden einfach besser kennt, als das früher jemals möglich war. Doch damit nicht genug. Auch nach dem Autokauf greift die neue Form des Customer Relationship Management: Das Auto ist über die Cloud mit Händler und Werkstatt vernetzt, sodass der nächste Servicetermin ganz automatisch vereinbart wird – prädiktiv, bevor sich Verschleißteile bemerkbar machen können. Möglicherweise fährt das Auto dann auch noch vollkommen autonom – der Cloud sei Dank.

Erste „digitale Showrooms" der Unternehmen mit interaktiver Kundeneinbindung zeigen, dass ein solches Konzept aufgeht. So konnte Audi dank des Konzepts „Audi City" in London die Verkaufszahlen um 70 Prozent steigern (vgl. Binder und Mortsiefer 2014). Auch BMW investiert zunehmend in Showrooms, die den Besuch eines Autofahrers zum einmaligen Erlebnis werden lassen – schließlich wären bereits 44 Prozent aller Kunden bereit, ein Auto im Web zu kaufen (vgl. Gabler 2015). Und Mercedes hat mit dem Konzept „Mercedes me" ein Zeichen gesetzt, das neben einem Online-Shop auch Flagship-Stores in Großstädten umfasst – seit 2014 in Hamburg, seit Mai 2015 auch in Mailand. Weitere, unter anderem in Moskau und Tokio, sind geplant (vgl. Behrens 2015).

Doch nicht nur im Consumer-Geschäft gilt es, schnell und mit den richtigen Lösungen auf Kundenwünsche zu reagieren. Das Prinzip gilt ebenso im B2B-Geschäft. Und auch

---

[1] Digitale Kampagne von SEAT an Bushaltestellen in Barcelona und Madrid. Kunden laden eine mobile App auf ihr Endgerät und können auf einem 75-Zoll-Bildschirm in den Haltestellen das Interieur des SEAT Ibiza in Echtzeit konfigurieren.

hier lässt sich die Aufgabe durch Omnichannel-Präsenz lösen. So bietet ein Online-Verkaufsportal für B2B-Lösungen dem Anwender gleichermaßen die Möglichkeit, Produkte zu konfigurieren, zu verwalten und Kontakt mit einem Experten aufzunehmen. Der Hersteller wiederum hat eine zusätzliche Chance, zielgerichtete Angebote zu erstellen oder erst nach Bedarf einen Sales-Experten zum Kunden zu schicken (statt breit gestreut Mitarbeiter übers halbe Land). Auch hier ist das Ziel das gleiche: Kunden optimal bedienen, über sämtliche Medien betreuen und gemeinsam wachsen.

6.1.3   Neue Kooperationsmodelle: Den Kunden im Team erobern

Um Kunden wirklich zu erreichen, zu binden und im Idealfall langfristige Loyalität aufzubauen, ist die Integration von Omnichannel-Maßnahmen jedoch nur ein Teilschritt. Die enorme Agilität am Markt erfordert darüber hinaus ein Bündeln der Kräfte. In der „alten Welt" waren es die Kunden gewohnt, nur wenige Auswahlmöglichkeiten zu haben. Monopolisten und traditionelle Unternehmen hatten die Marktmacht. Doch die globale Wirtschaft macht heute Produkte aus aller Welt mit nur einem Klick verfügbar. Und das Arbeiten über Landesgrenzen hinweg ist vollkommen selbstverständlich. Das dafür nötige Telefon im Büro – jahrzehntelang Kommunikationsmittel Nummer eins – wurde längst durch hochkomplexe Infrastrukturen aus der Cloud abgelöst. Telepresence-Systeme und hochverfügbare Leitungen etwa, durch die Unmengen von Daten rauschen. Unternehmen beziehen Hardware, Software und Services von zahlreichen Herstellern – aber durch IT-Dienstleister aus einer Hand. Das ist das Prinzip der Cloud. Und dieses Prinzip macht etwas ganz Wichtiges deutlich: Nur weil ein IT-Unternehmen die schnellsten Netze zur Verfügung stellen kann, bedeutet das nicht, dass es auch Hard- und Software State-of-Art entwickelt oder auf spezifische Gegebenheiten in anderen Ländern Antwort weiß. Das können andere im Zweifel besser. Aber gemeinsam können es alle am besten. Partnerschaften sind somit das A und O in der digitalen Welt – denn erst gebündelte Kräfte schaffen eine ganzheitliche Lösung, die dem Kunden einen tatsächlichen Mehrwert bietet. Auch IT-Dienstleister sind gefordert, Partner-Konzepte in der Unternehmensstrategie zu berücksichtigen – mit IT-Herstellern oder jungen Start-ups gleichermaßen. Nur dann können sie ihren Kunden sichere, zuverlässige und neuartige Lösungen anbieten. Das beginnt bei der Soft- und Hardware im Rechenzentrum und reicht bis zu eigenen Entwicklungen mit branchenfremden Kundenunternehmen. So wird ein IT-Provider im Rahmen von Connected Car gewissermaßen zum Automobilzulieferer – und das durchaus im Schulterschluss mit anderen Wettbewerbern. Denn digitale Konzepte erfordern auch ein Über-Bord-Werfen des tradierten Konkurrenzdenkens.

Vielmehr zeigt das: Die Grenzen zwischen Unternehmen und einzelnen Branchen verschwimmen zunehmend. Das Prinzip aus der Cloud greift Raum in jeder beliebigen Branche. Partnering muss in Zukunft fester Bestandteil jeder Unternehmensstrategie sein. Nicht nur bei IT-Dienstleistern – sondern vielmehr mit ihnen. Das haben auch die Unternehmen erkannt: Mehr als 80 Prozent der Unternehmen sind sich bewusst, dass eine konsequente Umsetzung der digitalen Transformation nur mit professionellen Partnern realisierbar ist (vgl. Crisp Research 2015). Schließlich gilt es, höchste technologische Anforderungen zu erfüllen und strengen Datenschutzrichtlinien gerecht zu werden – gleichzeitig aber, die eigenen Kompetenzen zu stärken und sie darüber hinaus auch weiter auszubauen. So kooperiert nicht nur der Softwarehersteller mit dem Hardwareproduzenten, um Anwendern eine bessere IT-Lösung zu bieten, sondern ein Getränkehersteller partnert mit dem Automatenhersteller und der wiederum mit einem IT-Dienstleister, um Kunden zukünftig an den relevanten Orten die richtigen Getränke anzubieten. Ziel ist es, die Wünsche jedes einzelnen Kunden möglichst früh zu kennen. Bestenfalls, bevor der Kunde seinen Wunsch überhaupt äußert. In diesem Zuge entwickeln sich ganz neue B2B2C-Geschäftsmodelle. Beispiel: „Freestyle" von Coca Cola. In den Vereinigten Staaten sind 24.000 solcher interaktiven Mischmaschinen auf dem Markt (vgl. T-Systems MMS 2015). Der Konsument kann sich gewissermaßen „on demand" sein persönliches Wunsch-Getränk zusammenstellen lassen, inklusive iOS und Android App und mit Schnittstellen zu sozialen Netzwerken. So kommt quasi die Produktionsstätte direkt zum Konsumenten.

Erfolgversprechend sind diese Partnerschaften allerdings nur dann, wenn Unternehmen in Sachen Kooperation auf das richtige Pferd setzen. Denn der Markt bleibt schnelllebig. Und hier kommt es einmal mehr auf die Stärken der jeweiligen Teilnehmer an – „Survival of the Fittest"; wer nicht mit den richtigen Partnern agiert, wird nicht überleben. Unternehmen müssen sich innerhalb des richtigen Ökosystems formieren. Die Consumer-Welt zeigt, wie wichtig es ist, Teil der relevanten Plattform zu sein: Facebook, Messenger-Dienste, Instagram. Andere Konzepte haben neben diesen Plattformen bei den Anwendern kaum eine Chance. Ähnlich ist es auch in der Geschäftswelt: Nur die richtigen Partnerschaften bringen neue Konzepte und Produkte für die anspruchsvollen Anwender hervor – und sind damit die relevante Eintrittskarte in das internationale Marktgeschehen. Wer hier nicht schnell genug ist und nicht zur rechten Zeit mit den richtigen Ideen am richtigen Ort, kann seine Partner schnell mit erlahmen und ganze Branchenzweige zum Kollabieren bringen. Denn sollte ein anderes Unternehmen auf einem anderen Kontinent möglicherweise schneller sein, könnte es den gesamten Markt überrollen.

6.1.4 Fazit

Die digitale Transformation lässt Grenzen verschwimmen. Zwischen Branchen, innerhalb des eigenen Unternehmens, in der Kundenansprache und in der Sales-Strategie. Das stellt neue Herausforderungen und bietet zahlreiche neue Chancen für Unternehmen und die Wirtschaft. Um bei der Agilität des heutigen Marktes keine Kunden zu verlieren, sondern bestmöglich auf ihre Wünsche einzugehen, müssen ein durchdachtes Omnichannel-Marketing und die Suche nach einem gut aufgestellten Partner-Ökosystem ganz oben auf der Agenda der Unternehmen stehen. Die Cloud bzw. der IT-Dienstleister sind hier elementare Bindeglieder. Denn sie schaffen die Basis für die Kundenbeziehung von morgen, für komplett neuartige technologische Innovationen und die Weiterentwicklung ganzer Branchen.

6.2   Cloud-Betrieb: Worauf kommt es in der Praxis wirklich an?

Die Basis für digitales Wachstum, das zeigen Marktführer wie Apple, ist immer die IT –
und allem voran die Cloud. Mit ihren typischen Attributen wie Hochverfügbarkeit, Flexibilität oder Skalierbarkeit hat die Wolke einen technologisch rasanten Fortschritt in Gang
gesetzt – wobei das Ende der Fahnenstange dabei noch längst nicht erreicht ist. Fest steht:
Mit ihren Eigenschaften schafft sie die Voraussetzungen dafür, dass Dinge vernetzt sind,
dass vernetzte Dinge untereinander kommunizieren können und dass vernetzte Produkte
und Geräte verfügbar gehalten werden – wodurch wiederum Geschäftsprozesse optimiert
und neue Geschäftsmodelle generiert werden können. Die Cloud ist sozusagen der Motor
der Digitalisierung. Doch PS auf die Straße kann auch sie nur mit dem richtigen Fahrwerk
bringen. Für Unternehmen stellt sich jetzt die Frage: Wie passt die Cloud-Technologie in
die IT-Strategie, damit aus dem neuen Potenzial auch ein Gewinn wird? Welche Cloud-
Infrastrukturen und welche Applikationen verschaffen wirklich Mehrwert?

6.2.1   Reine Formsache

Am Anfang steht die Bestandsaufnahme: Ist mein Unternehmen „Cloud-ready"? Und:
Welche meiner Applikationen, Infrastrukturen und Prozesse sollten in die Cloud, wo ist
es möglicherweise zunächst nicht sinnvoll? Ist es besser, die Cloud selbst zu managen oder
managen zu lassen? Wenn das Management inhouse stattfinden soll – ist das nötige Personal mit den entsprechenden Skills ausreichend vorhanden? Und: Wie sieht es mit den
Kosten aus?

Sind diese Fragen beantwortet, folgt als nächste Hürde die Auswahl und Definition der
Cloud-Modelle: Public, Private oder Hybrid Cloud? Was davon passt, welche Daten sind
in welcher Cloud-Form am besten aufgehoben? Welcher Cloud-Mix erzielt für mein Unternehmen das Optimum? Auf Anhieb spricht augenscheinlich vieles für die Public Cloud:
mehr Innovation, mehr Agilität. Doch was ist mit dem Schutz unternehmenskritischer
Anwendungen und sensibler Daten, die die Private Cloud sowohl elektronisch als auch
physisch bietet? Oder: Ist der hybride Weg der richtige, der beide Bereitstellungen vereint
und dadurch Vorteile bietet – die Public Cloud für weniger sensible Daten bzw. Prozesse
und die Private Cloud für geschäftskritische Operationen? Immer mehr Unternehmen gehen diesen Weg: So prognostiziert Technology Business Research der Hybrid Cloud 2015
ein Jahreswachstum von 50 Prozent (vgl. Gaudin 2014). Hybrid Cloud Computing bedeutet jedoch auch ein Mehr an Komplexität. Aber wie lässt sich dieser Cloud-Mix effizient
verwalten? Entscheidend ist: Unternehmen brauchen eine individuell passende Strategie
für den Umstieg auf Cloud-Infrastrukturen. Nur der auf die individuellen Geschäftsziele
und internen Anforderungen sorgfältig abgestimmte Weg in die Wolke verspricht nachhaltigen Erfolg. Umso wichtiger ist auch die Überlegung, wer der richtige Partner ist, um
die „passende" Cloud-Strategie auszuloten. Denn: Die Cloud aus der Schublade, die auf
Anhieb passt, gibt es definitiv nicht.

6.2.2   Die Cloud braucht eine zentrale Plattform

Insbesondere das Beispiel Hybrid Cloud zeigt: Die hier vorherrschende Komplexität und benötigte Skalierbarkeit können selbst große Unternehmen nur schwer komplett im Eigenbetrieb bewältigen. Die Zusammenarbeit mit einem Dienstleister ist also von Vorteil. Aber was muss dieser als „der richtige" Partner idealerweise mitbringen? Zuallererst Erfahrung: Nur wer bereits viele Cloud-Projekte in allen Größenordnungen zum Erfolg geführt hat, kann den Mix aus Public und Private auch tatsächlich effizient verwalten und verfügt über die erforderliche Transformationsexpertise, den Kunden zielsicher in die Cloud zu transformieren – in Zeit, Budget und Qualität. Und nur wer frühzeitig auf Virtualisierung gesetzt hat, kann heute innovative und leistungsstarke Rechenzentrums- und Netzwerkinfrastrukturen bieten, die für die Zukunft gerüstet sind.

Basis sollten deshalb standardisierte, dynamische Cloud-Plattformen sein – mit variablen Leistungseigenschaften für einen schnellen Zugriff von jedem Punkt auf dem Globus. Unabhängig davon, ob es sich dabei um Private-, Public- oder Hybrid-Cloud-Services handelt. Zudem sollten sie flexibel und grenzenlos skalierbar sein, um sich jeglicher Transformationsgröße anpassen zu können. Vorteil bei solchen standardisierten, dynamischen Plattformen ist, dass sie es ermöglichen, jeden Cloud-Service von jedem Server zu jedem Zeitpunkt nach der Methode „any service on any server at any time" bereitzustellen. Das bedeutet einen einheitlichen Zugriff auf alle Cloud-Angebote wie Platform-as-a-Service (PaaS), Software-as-a-Service (SaaS) und Infrastructure-as-a-Service (IaaS). Hier gilt es auch auf Provider-Seite, entsprechende strategische Partnerschaften einzugehen, damit Kunden die Vorteile einer einfachen, skalierbaren und sicheren Cloud auch wirklich schöpfen können.

Automatisierte Prozesse und eine Zero-Downtime-Architektur ermöglichen auch bei erforderlichen Wartungsarbeiten oder bei Updates zentraler Komponenten einen stabilen Betrieb ohne Unterbrechungen. Technisch funktioniert das, weil zwar alle Komponenten von einem gemeinsamen Automation-Framework verwaltet werden, die Computing- und Storage-Ressourcen sowie die Netzinfrastruktur aber tatsächlich vollständig von den IT-Services und den Workloads getrennt sind. Diese Schnittstellen machen technisch ein einfaches Verschieben der Workloads zwischen den physikalischen Standorten online und offline möglich. Integrierte Customer-Self-Service-Portale als Front-End zum Kunden stellen Features und Applikationen automatisiert bereit, sie fungieren als Drehkreuz für Public- und Private-Cloud-Leistungen von beliebigen Anbietern für ein vollständiges Service- und Hybrid-Cloud-Management-Angebot. Damit können Kunden alle IaaS-Services zusammenstellen, abwickeln und bezahlen – also ganz nach dem individuellen Bedarf und ohne dass sie die Technologien selbst vorhalten müssen.

6.2.3 Paarweise Hochverfügbarkeit – die Twin-Core-Technologie

Die Anforderungen an die Cloud-Infrastruktur – und zwar umso mehr, wenn sie über einen Provider bezogen wird – sind hoch: Neben der Kosteneffizienz haben vor allem Ausfall- und Datensicherheit, Datenschutz, volle Skalierbarkeit und die Verfügbarkeit von Daten und Systemen absolute Priorität. Gleichzeitig gewinnen Fragen zur Nachhaltigkeit angesichts erheblich steigender Energiekosten auch im Rechenzentrumsbetrieb immer mehr an Bedeutung. Basis für solche Cloud-Dienste müssen daher ausfallsichere, moderne und effiziente Rechenzentren sein. Denn nur wenn die Technologie stabil läuft, bringen Unternehmensinfrastrukturen und Geschäftsprozesse aus der Cloud auch einen Mehrwert. Und hier gilt das einfache Prinzip: Doppelt gesichert hält besser. Sogenannte Twin-Core-Rechenzentren arbeiten nach ebendiesem Prinzip: Sämtliche Daten und Systeme werden permanent in einem Zwillingsrechenzentrum gespiegelt und stehen auch dann zur Verfügung, wenn es in einem der Zwillinge zu Störungen und Ausfällen kommt – beispielsweise durch ein Unwetter oder Hochwasser. Das größte Rechenzentrum Deutschlands in Biere etwa bildet mit dem Rechenzentrum in Magdeburg ein solches Twin-Core. Dank dieser Konstruktion wird auf auf fast 40.000 Quadratmetern (in der endgültigen Ausbaustufe) eine Verfügbarkeit von bis zu 99,999 Prozent ermöglicht, was lediglich rund fünf Minuten Ausfallzeit maximal pro Jahr entspricht. Umfangreiche Sicherheitskonzepte, die sowohl den Einsatz von IT-Sicherheitstechnologien wie auch zahlreiche physische Sicherheitsmaßnahmen umfassen, wie beispielsweise Zugangskontrollen oder Überwachungsanlagen, schützen Unternehmensdaten bzw. -infrastrukturen zudem vor Unbefugten. Auch hinsichtlich Energiekosten kann eine solch moderne Bauweise eines Rechenzentrums den wachsenden Anforderungen Rechnung tragen: Denn das Twin-Core-Konzept gepaart mit einer hohen Dichte an verbauter IT-Technik senkt maßgeblich Betriebskosten und CO_2-Ausstoß. Sie benötigen weniger Fläche und weniger Server, erbringen aber gleichzeitig höhere IT-Leistung dank des Einsatzes von standardisierten Cloud-Plattformen – was sich wiederum in niedrigeren Cloud-Kosten für Kunden auswirkt.

6.2.4 Alles eine Frage des Standards

Um das Versprechen „Hochverfügbarkeit" besser zu verstehen, sollte zunächst bewusst sein, dass Technologien, die nahezu rund um die Uhr bereitgehalten werden, nicht unbedingt der Standard sind. Für Rechenzentren gibt es verschiedene Qualitätsstufen, die durch den Tier-Standard definiert sind. Dieser reicht von Tier 1 (geringere Ausfallsicherheit) bis Tier 4 (höchstmögliche Ausfallsicherheit).

Bei einer Private Cloud werden die Daten nicht über das Internet, sondern über ein geschütztes Netz übertragen und liegen in hocheffektiven Rechenzentren, deren Standort im Vergleich zu Public-Cloud-Angeboten bekannt ist, was beim Datenschutz mitunter erhebliche Vorteile mit sich bringt. Hierfür eigenen sich Rechenzentren mit einer jährlichen Verfügbarkeit im Tier-Standard 3 bei 99,98 Prozent oder Tier-4-Rechenzentren mit einer Hochverfügbarkeit von über 99,999 Prozent, die speziell für den Betrieb von hochgradig geschäftskritischen Anwendungen und das Vorhalten sensibler Daten ausgelegt sind. Das gleiche Level gilt wiederum für Hybrid Clouds. Public Clouds arbeiten hingegen in der Regel auf Tier-Standard 2 bis 3. Tier 2 verfügt dabei über eine einfache Redundanz. Der Zugang erfolgt jedoch zumeist nicht über ein eigenes geschütztes Netz, sondern wie eingangs erwähnt über das Internet. Nach der Anmeldung beim Cloud-Anbieter stehen die Services nahezu sofort – quasi auf Knopfdruck – bereit. Eine individuelle Betreuung durch den Dienstleister ist allerdings üblicherweise nicht inbegriffen, weswegen diese Variante in der Regel für Test-Systeme und nicht für komplexe oder gar geschäftskritische Unternehmens-Infrastrukturen zum Einsatz kommt.

6.2.5   IT-Sicherheit „everywhere" erfordert Strategie

Dass Aspekte wie Tier-Standards und Maßnahmen für Hochverfügbarkeit von höchster Relevanz – und sogar essenziell für die Geschäftsfähigkeit von Unternehmen – sind, zeigen die großen Herausforderungen, denen die IT bzw. die IT-Mitarbeiter gegenüberstehen: Jeden Tag entstehen Hunderttausende neuer Viren, Würmer und Trojaner. Und die Experten des Computer Emergency Response Team (CERT) von T-Systems stellen fest: Die Angreifer werden immer professioneller, die angewendeten Methoden immer ausgefeilter. Datenspionage ist heute vor allem durch finanzielle Interessen motiviert. Nicht zuletzt deshalb ist diese Bedrohung größer und professioneller denn je. Daher sind Cyber Security Services elementarer Bestandteil für das Vertrauen in einer vernetzten Welt. Und ganz gleich, ob im eigenen Rechenzentrum oder in der Cloud eines Dienstleisters: Ohne bedarfsgerechte Security Ende-zu-Ende stehen Unternehmen schnell vor existenziellen Problemen.

Bisher gleicht die Sicherheitsarchitektur vieler Unternehmen aber noch einer mittelalterlichen Stadtmauer – harte Schale, weicher Kern. Mit einem Perimeterschutz werden IT-Systeme gewissermaßen kreisförmig abgeriegelt. Ein- und Ausgänge werden mehr oder minder schwer bewacht. Um gleichzeitig Sicherheit und zunehmende Digitalisierung zu erreichen, braucht es allerdings intelligentere, umfassendere Konzepte, eingebettet in die Gesamtstrategie des Unternehmens, sowie die kontinuierliche Weiterentwicklung ebendieser Konzepte. Unternehmen müssen ihre IT so transformieren, dass sie zum Beispiel Ressourcen bedarfsgerecht aus der Cloud beziehen können, ohne die Unternehmenssicherheit zu gefährden. Corporate Governance und Corporate Risk Management müssen eingebunden werden. Darüber hinaus muss das Thema Datenschutz oberste Priorität genießen – Deutschland hat hier einen klaren Standortvorteil, den sich Unternehmen zunutze machen sollten. Denn das Bundesdatenschutzgesetz ist weltweit eines der strengsten Gesetze zur informationellen Selbstbestimmung. Die Nutzung personenbezogener Daten bedarf der ausdrücklichen gesetzlichen Erlaubnis oder der Zustimmung des Betroffenen.

Datensicherheit und Datenschutz lassen sich demnach nicht einfach mit einer Checkliste abarbeiten. Unternehmenssicherheit setzt eine strategische Überlegenheit voraus und dafür braucht es eine individuelle Sicherheitsanalyse (Stichwort Advanced Cyber Defense).

Dies liefert nicht nur Ergebnisse, um eine taugliche Sicherheitsstrategie daraus abzuleiten, sondern auch Berichte über Sicherheitsvorfälle, die entsprechend der Unternehmenssicherheitsstrategie „angegangen" werden müssen. Fachleute und „Spezialeinheiten", die ausschließlich in Sachen Sicherheit unterwegs sind, helfen darüber hinaus dabei, dass Angriffsszenarien und -methoden bekannt sind und Gefährdungspotenziale für einzelne Lösungen frühzeitig aufgedeckt werden.

6.2.6 Faktor „IT-Qualität": IT ohne Ausfälle gibt es nicht

Doch selbst wenn die Technologie höchsten Standards entspricht – über eines müssen sich Unternehmen im Klaren sein: Eine IT ganz ohne Ausfälle gibt es nicht. Das ist Wunschdenken. Immer wenn IT im Einsatz ist, besteht auch die Möglichkeit, dass die Technologie ausfällt. Und die Gründe sind vielfältig: ein technischer Defekt verbauter Komponenten, Störungen durch Naturkatastrophen bzw. Unwetter oder einfach menschliches Versagen. Es reicht also nicht aus, einem potenziellen Ausfall nur mit Technologien vorzubeugen, etwa mit hochverfügbaren, redundant ausgelegten Infrastrukturen – es gilt darüber hinaus auch, in der Lage zu sein, Störfälle schnellstmöglich und systematisch zu beheben, sollte die Technik nicht „rund" laufen. Schließlich kostet eine Minute Downtime ein Unternehmen schnell mal 5.600 US-Dollar (vgl. Lerner 2014). Hier gewinnen Programme zur Sicherung der IT-Qualität zunehmend an Bedeutung, die Maßnahmen auf allen Unternehmensebenen umfassen. Beispielsweise ein entsprechendes Change Management, Incident Management sowie fest definierte, routinierte Prozesse – regelmäßig überprüft und in KPIs gemessen. Denn IT-Verfügbarkeit ist nicht nur eine Frage von Qualität auf der Technologieebene, sie ist auch eine Frage der Qualität auf organisatorischer und personeller Ebene (zusammengefasst als Processes, People, Platforms). Und dieses hohe Qualitätsverständnis muss ebenso für die Partner des Cloud-Anbieters Gültigkeit haben. Erst mit entsprechenden Supplier-Zertifizierungen profitieren Kunden von einer tatsächlichen IT-Verfügbarkeit Ende-zu-Ende, die einerseits durch Präventionsmaßnahmen das Risiko einer Störung von vornherein auf ein Minimum reduziert und andererseits im Falle einer Störung anhand vertraglich fest vereinbarter Abläufe die schnellstmögliche Behebung sicherstellt.

6.2.7 Vorhang auf für mehr Effizienz

Unternehmen profitieren von der Möglichkeit, Ressourcen in der Cloud gemeinsam zu nutzen, und davon, dass Services dynamisch und bedarfsgerecht bereitstehen. Dadurch lassen sich flexible Geschäftsmodelle realisieren, die – unabhängig vom geografischen Standort und der Größe des Unternehmens – eine schnellere Einführung skalierbarer Services ermöglichen. Jedoch wird die Entscheidung für eine Cloud-Lösung aufseiten der Unternehmen auch maßgeblich durch den Faktor Kostenoptimierung bestimmt. Dazu ist es notwendig, dass sämtliche Prozesse hinter dem Vorhang hocheffizient ablaufen. Fünf Hebel, die wie Zahnräder ineinandergreifen, sind dafür entscheidend: standardisierte Services, konsolidierte Systeme, automatisierte Produktion, globale Lieferfähigkeit und optimierte Auslastung. Gerade im Eigenbetrieb lässt sich nicht immer eine Standardisierung über eine gesamte Produktpalette hinweg umsetzen. Genau hierin liegt aber ein weiterer Vorteil in der Zusammenarbeit mit einem Dienstleister. Sofern dieser seine Möglichkeiten im Sinne der Kunden voll ausschöpft. Denn je größer der Grad der Standardisierung in einem Provider-Rechenzentrum, umso mehr profitieren Unternehmen auch in den späteren Schritten: Sind Standards implementiert, ist dadurch die Konsolidierung auf wenige Systeme möglich. Das ist wiederum die Basis für eine bestmögliche Automatisierung. Denn wenige große Systeme zu automatisieren ist weitaus weniger aufwendig als viele kleine. So lassen sich in großen Umgebungen selbst 10.000 Systeme gleichzeitig automatisieren. Das schafft Platz und sorgt auch für eine bessere Auslastung (also Utilization) genauso wie mit globalen Services und Supportstrukturen, weil sie weltweit gleich sind und örtlich unabhängig funktionieren. So kann man die Auslastung der Infrastruktur optimal managen. Lasten können flexibel verteilt werden. Das wiederum setzt eine positive Kettenreaktion in Gang: das Minimieren von Leerstandskosten, daraus resultierend geringere Stückkosten, was sich wieder in günstigeren Konditionen für die Kunden niederschlägt.

Skaleneffekte spielen in diesem Zusammenhang eine ganz entscheidende Rolle. Vergleichbare Stückkosten sind im Eigenbetrieb kaum noch realisierbar. Denn kaum ein Unternehmen ist in der Lage, die ideale Kombination aus standardisierter Technologie sowie dem erforderlichen Grad an Automation von Prozessen komplett eigenständig und wirtschaftlich zu betreiben – inklusive der Mengenvorteile im Einkauf von Energie. Nur mit stringenter Umsetzung der Konzepte, verbunden mit einer hohen Anzahl an Kunden, materialisieren sich die Vorteile spürbar. Wichtig ist auch ein engmaschiges Monitoring: Nur wenn die Ergebnisse kontinuierlich anhand von KPIs (Auslastung, Kosten etc.) gemessen werden, können sie auch weiter optimiert werden. Effizienz in allen Lagen ist also die entscheidende Grundlage für eine kostenoptimierte Cloud. Und dennoch: Das ungeheure wirtschaftliche Potenzial ist damit noch nicht ausgeschöpft. Wie anfangs festgestellt, ist das Ende der Fahnenstange noch längst nicht erreicht.

6.2.8   Ausblick: Software Defined Datacenter

Noch einen Effizienz-Schritt weiter geht die Überlegung, die Infrastruktur vollständig zu virtualisieren. Ein neuer Trend mit großer Zukunft: das Software Defined Datacenter (SDDC). Denn das konstant zunehmende Datenwachstum, kombiniert mit ständig neuen Anforderungen wie beispielsweise Echtzeitauswertungen von Informationen, stellt hohe Ansprüche an die IT-Infrastruktur. Der globale Markt für SDDC soll laut einer Studie bis 2020 auf stolze 77,2 Milliarden US-Dollar wachsen. Dies entspricht einer jährlichen Wachstumsrate von durchschnittlich 28,8 Prozent (vgl. Markets & Markets 2015). In Europa soll das Wachstum sogar rund 40 Prozent jährlich betragen. Was genau steckt dahinter? SDDC ist eine zentrale Steuerungsinstanz, die die Komplexität der IT-Infrastruktur reduziert und die Verwaltung vereinfacht. Hardware wie Storage, CPU, Firewalls, Router oder Switches werden virtualisiert und können mittels SDDC ohne physischen Zugriff auf Infrastrukturkomponenten konfiguriert werden. Dies führt im Ergebnis zu einer vollständig „elastischen", bedarfsgerechten Zuordnung von Ressourcen – automatisiert und skalierbar. Einfacher gesagt, bedeutet das für den CIO: Er bekommt die Steckdose für seine Applikation und muss diese nur noch in seine Unternehmensprozesse integrieren. Der eigentliche operative Betrieb kommt vom Provider, der verschiebt die Anwendung je nach Bedarf von der Private in die Public Cloud und wieder zurück – eine entsprechende Verschlüsselung zur Sicherstellung von Datenschutzaspekten vorausgesetzt.

6.2.9   Fazit

Es gibt nicht „die eine" Cloud – es gibt schließlich auch nicht „das eine" Unternehmen. Jedes Unternehmen hat eigene Anforderungen an die Unternehmens-IT. Doch denen wird die Cloud mit verschiedenen Modellen gerecht. Wichtig ist, dass Unternehmen den für sie richtigen Weg definieren und auf einen Cloud-Service zurückgreifen, der die notwendige Flexibilität bietet, diesen Weg je nach Anforderung zwischendurch auch immer wieder anzupassen. In der Flexibilität liegt ja eben der große Vorteil der Cloud. Sofern die Infrastruktur von einem Dienstleister betrieben wird, der die dafür benötigten Plattformen und Plattform-Strategien vorhält. Um die Cloud effizient, zuverlässig und wirtschaftlich zu betreiben, braucht es mehr als ein paar Server-Racks im eigenen Rechenzentrum. Es braucht Erfahrung, Technologien und Qualität. Idealerweise beheimatet in Deutschland, damit auch das Thema Datenschutz basierend auf dem Bundesdatenschutzgesetz ausreichend Berücksichtigung findet. Und dieses Gesamtpaket ist auch notwendig, damit die Cloud tatsächlich für jedes Unternehmen die Zukunftsfähigkeit bringt, die technisch in ihr steckt. Eine virtualisierte Umgebung alleine macht noch lange keine Innovation.

Literatur

Binder, Elisabeth; Mortsiefer, Henrik (2014): Virtuell Gas geben. In: tagesspiegel.de. http://www.tagesspiegel.de/berlin/audi-city-am-kurfuerstendamm-virtuell-gas-geben/9432044.html. Zugegriffen: 12.08.2015.

Behrens, Frank (2015): Neue Wege im Automarketing: Internet & virtuelle Showrooms machen dem Autohaus zu schaffen. In: kress.de. https://kress.de/tagesdienst/detail/beitrag/132126-neue-wege-im-automarketing-internet-virtuelle-show-rooms-machen-dem-autohaus-zu-schaffen.html. Zugegriffen: 25.08.2015.

Crisp Research (2015): Digital Business Readiness. Autoren: René Büst, Maximilian Hille, Julia Schestakow. Studie abrufbar über: http://www.crisp-research.com/report/digital-business-readiness-wie-deutsche-unternehmen-die-digitale-transforma-tion-angehen/. Zugegriffen: 12.08.2015.

Gabler, Tanja (2015): BMW verspricht die Revolution der Mobilität. In: internetworld. de. http://www.internetworld.de/technik/smart-wearables/bmw-verspricht-revolu-tion-mobilitaet-881300.html. Zugegriffen: 25.08.2015.

Gaudin, Sharon (2014): Hybrid cloud adoption set for a big boost in 2015. In: comput-erworld.com. http://www.computerworld.com/article/2860980/hybrid-cloud-adop-tion-set-for-a-big-boost-in-2015.html. Zugegriffen: 26.08.2015.

Lerner, Andrew (2014): The Cost of Downtime. In: Gartner Blog Network. http://blogs.gart-ner.com/andrew-lerner/2014/07/16/the-cost-of-downtime/. Zugegriffen: 19.08.2015.

Markets & Markets (2015): Software Defined Data Center (SDDC) Market by Solution (SDN, SDC, SDS & Application), by End User (Cloud Providers, Telecommunica-tion Service Providers and Enterprises) and by Regions (NA, Europe, APAC, MEA and LA) – Global Forecast to 2020. http://www.marketsandmarkets.com/Mar-ket-Reports/software-defined-data-center-sddc-market-1025.html.   Zugegriffen: 25.08.2015.

PWC (2015), im Auftrag von JDA Software. The Omni-Channel Fulfillment Imperative. Download der Studie über: http://now.jda.com/ceo2015.html. In Auszügen ebenso einsehbar über TecChannel.de: http://www.tecchannel.de/ecommerce/know-how-und-praxis/3199822/die_digitalisierung_fordert_den_handel/index3.html. Jeweils zugegriffen: 18.08.2015.

Trend One. Executive Trendreport. August 2015.

T-Systems MMS (2015): „Die Transformation definiere ich als eine Reise, die man – spä-testens jetzt – beginnen muss"; Interview mit IT-Chef und Innovationstreiber Pascal Morgan, Coca-Cola. http://wegweisend-digital.t-systems-mms.com/interviews/pas-cal-morgan-das-optimum-der-digitalen-transformation.html?wt_mc=osm_3:15:15. Zugegriffen: 24.08.2015.

Zukunftsinstitut (2015). Retail Report 2016. Autoren: Janine Seitz, Theresa Schleicher, Jana Ehret; Chefredaktion: Thomas Huber; Herausgeber: Zukunftsinstitut GmbH.

Autoren

Frank Strecker ist als Senior Vice President Cloud Partner Products & Ecosystems verantwortlich für das weltweite Cloud Computing und Partner-Geschäft der T-Systems International GmbH. Die Schwerpunkte seiner Arbeit liegen im Auf- und Ausbau dieser strategischen Geschäftsfelder und der Integration aller Geschäftsbereiche beim Thema Cloud Computing und Partner Sales. Frank Strecker ist außerdem Mitglied des Leadership Team und Sprecher des Cloud Leadership Team der Deutschen Telekom AG. Er hat über 17 Jahre Erfahrung im ICT-Geschäft. So hielt er unter anderem zahlreiche nationale und internationale Führungsaufgaben bei IBM inne. Frank Strecker ist technisch orientierter Diplom-Kaufmann und studierte an der Universität Stuttgart.

Jörn Kellermann verantwortet als SVP Global IT Operations weltweit die Cloud- und Rechenzentrumsleistungen für alle Kunden der T-Systems International GmbH. Das beinhaltet Bereitstellungs- und Betriebsaufgaben von IP-Netzen und Rechenzentren bis hin zu Anwendungen wie SAP-, Messaging- und Individual-Applikationen. Jörn Kellermann ist seit mehr als 20 Jahren in der IT beschäftigt. Nach freiberuflicher Tätigkeit trat er 1999 dem debis Systemhaus (heute T-Systems) bei. Seitdem hat er bei T-Systems verschiedene Positionen im Vertrieb, in der Beratung und im Betrieb von IT-Leistungen wahrgenommen. Zuletzt leitete er den globalen Bereich Dynamic Platform Services (DPS). Jörn Kellermann hat einen Abschluss in Informatik und Betriebswirtschaft.

Ohne Qualität keine Innovation

Anne Teague

Das Thema Big Data steht – wie bei vielen anderen Unternehmen in der Nahrungs- und Genussmittelbranche – auch bei Heineken ganz oben auf der IT-Agenda. Big Data ist schließlich die Grundlage für unsere digitale Neuausrichtung und hilft uns dabei, unsere Kunden noch besser zu verstehen. Als Verbrauchermarke mit Schwerpunkt auf dem Business-to-Business-Vertrieb hat Heineken keinen unmittelbaren Kundenkontakt. Deshalb ließ sich bisher kaum nachvollziehen, wie, wann und wo unser Bier bevorzugt getrunken wird. Doch das soll sich jetzt ändern.

Schließlich ist heute ein umfangreicher, uns nahezu überflutender Datenstrom abrufbar – mit Daten aus einer Vielzahl von Quellen und in den unterschiedlichsten Formaten. Stichwort: Big Data. Unser Innovationspotenzial hängt ganz bedeutend davon ab, diese Daten möglichst umgehend und effizient zu analysieren und daraus konkrete Unternehmensaktivitäten abzuleiten. Datensicherheit und Datenschutz müssen jedoch während des gesamten Ablaufs gewährleistet sein. Gelingt uns dies, können wir unsere Produkte kontinuierlich verbessern und die Kundenzufriedenheit steigern. Und nicht nur das: Wir leisten zusätzlich noch einen positiven Beitrag zu unserer Umweltbilanz.

7.1 Soziale Medien als Treiber des Datenwachstums

Ein wesentlicher Faktor im zunehmenden Datenaufkommen sind die sozialen Medien, die unseren Marken auf sehr wirkungsvolle Weise einen direkten Draht zum Kunden verschaffen – ohne den Umweg über die klassische Lieferkette. Die erste Marke mit einer Million „Likes" bei Facebook war Heinekens „Dos Equis", ein von uns angebotenes dunkles Lager-Bier, das inzwischen mehr als 2,9 Millionen Facebook-Fans zählt. Und das ist nur eine unserer mehr als 250 Marken, die immer mehr Online-Anhänger finden. Darüber hinaus sind besonders die Kommentare unserer Kunden im Netz für uns relevant. Es dauert bekanntlich Jahre, bis man sich einen guten Ruf erworben hat, aber dieser kann in kürzester Zeit ruiniert sein, wenn sich negative Reaktionen im Netz wie ein Lauffeuer ausbreiten, selbst dann, wenn sie auf falschen Informationen beruhen. Umso wichtiger ist es, auf Kommentare unmittelbar zu reagieren, in den Dialog zu gehen und mögliche Missverständnisse schnellstmöglich auszuräumen.

7.2   Datenerfassung mit dem „Internet der Dinge"

Das Internet der Dinge ist ein weiterer Treiber für das Datenwachstum. Laut Aussage des Marktforschungsinstituts Gartner werden bis zum Jahr 2020 nicht weniger als 25 Milliarden Geräte mit dem Internet verbunden sein (vgl. Gartner 2014). In der Nahrungs- und Genussmittelbranche steckt die Entwicklung noch in den Kinderschuhen, aber vernetzte Geräte bergen das Potenzial, die Kundenzufriedenheit und die Qualität der für den Hersteller abrufbaren Feedback-Informationen signifikant zu steigern. Intelligente Fässer sind beispielsweise eine Möglichkeit, die Frische des Biers in Gaststätten zu kontrollieren, um wirklich nur beste Qualität anzubieten. Der Hersteller wiederum erhält Auskunft über den Bierkonsum seiner Kunden. Ein weiteres Beispiel für die Vorteile einer solchen Vernetzung sind Kühlregale im Einzelhandel: Sie könnten den Kunden bei der Auswahl seiner Getränke identifizieren und ihn auf besondere Angebote des Herstellers aufmerksam machen.

Auch Haushaltsgeräte könnten vernetzt werden. „Sub" ist zum Beispiele eine Zapfanlage für zu Hause, die Heineken bereits in Frankreich, Italien, Spanien und den Niederlanden vertreibt. Demnächst könnten Smartphone-Apps, die mit der Sub-Zapfanlage verbunden sind, den Kunden über interessante Angebote informieren, vor allem aber auch darüber, wann er Bier nachbestellen muss.

7.3   Wertschöpfung mit Big Data

Mit der zunehmenden Vernetzung von Geräten wird auch die Wertschöpfungskette immer mehr vernetzt, sodass man Daten von der Produktion bis zum Verbrauch erfassen kann. Wir erfahren nicht nur mehr über unsere Herstellungs- und Transportprozesse, sondern auch viel über die Vorlieben der Kunden für unsere Produkte. Heineken hat bereits begonnen, einen „Big-Data-Pool" anzulegen. Doch die Möglichkeiten sind schier unerschöpflich. Wirklich wertvoll werden diese Informationen erst dann, wenn wir die Daten aus verschiedenen Quellen zusammenbringen, sie analysieren und dadurch auf zuvor unbekannte Korrelationen und Wechselbeziehungen schließen können. Dieses Potenzial ist unverzichtbar für eine digitale Innovation und die damit verbundene Wertschöpfung.

7.4   Grenzen der digitalen Innovation

Allzu häufig wird digitale Innovation in Unternehmen durch IT-Systeme eher gehemmt als vorangetrieben. Große Unternehmen haben oft über Jahre und sogar Übernahmen hinweg ein Flickwerk aus Altsystemen mit starren und schwerfälligen IT-Strukturen aufgebaut. In vielen Fällen sind diese Strukturen den Anforderungen der Big-Data-Welt einfach nicht gewachsen, die einen freien Informationsfluss zwischen mehreren Anwendungen und eine Datenanalyse in vielen verschiedenen Kontexten erfordert.

Unter den gegebenen Umständen können Einbindung und Einführung einer neuen Anwendung zwischen 18 und 24 Monaten dauern. Das ist nicht gerade die beste Voraussetzung, um als agiles Unternehmen schnell auf die Chancen zu reagieren, die der Markt
bietet. So haben wir bei Heineken beispielsweise Projekte, die wir lange im Voraus planen
können, wie das Sponsoring der Champions League oder der James-Bond-Filme. Es muss
aber auch für unsere lokalen Marketing-Teams vor Ort möglich sein, kurzfristig Chancen
wahrzunehmen, die sich am Markt gerade ergeben. Es ist durchaus möglich, dass der gesamte Lebenszyklus eines neuen digitalen Produkts nur drei Monate beträgt. Auch unter
diesem Aspekt muss sich die IT-Branche neu formieren, um in der Lage zu sein, digitale
Innovationen in diesem Zeitrahmen bereitstellen zu können.

7.5   Neuerfindung der IT-Funktion

Eine derartige Transformation erfordert von einem IT-Team zunächst etwas ganz Grund-
legendes: ein Umdenken. Verbringt das Team den größten Teil seiner Zeit mit der Wartung
und Pflege der IT-Systeme, was häufig der Fall ist, dann bleibt nur wenig Spielraum, um
diese neuen Anwendungen auch zum Vorteil des Unternehmens einzusetzen. Stattdessen
sollte ein qualitativ hochwertiges System eingeführt werden, das für die täglichen Arbeits-
prozesse mit einem minimalen Einsatz der internen IT-Teams auskommt. Das Team könnte dann die verbleibende Zeit nutzen, um gemeinschaftlich im Unternehmen an kreativen
Lösungen zu arbeiten, die das Business wirklich voranbringen. Innovation bedeutet per
Definition, etwas zum ersten Mal zu machen. Für die Verantwortlichen ist das mit Risiken
verbunden. Daher müssen sie sich unbedingt auf die Unterstützung des IT-Teams verlassen können. Dies ist besonders in einem Unternehmen mit verschiedenen Standorten wie
unserem wichtig. Der global arbeitende zentrale IT-Bereich muss das Vertrauen der Be-
triebsgesellschaften weltweit gewinnen und bei digitalen Innovationen als bester Partner
verstanden werden. Kümmert sich das IT-Team jedoch hauptsächlich um die Systemwar-
tung, so kommen die Nutzer zu kurz, die das System für ihre geschäftlichen Zwecke einsetzen wollen. Sie bekommen weder die Zeit noch die Aufmerksamkeit, die sie verdienen.

Heineken hat das Management eines Großteils seiner Infrastruktur an T-Systems ausge-
lagert, die damit für Hosting, Betrieb, technisches Application Management, Wartung,
Administration und Sicherheit verantwortlich ist. Und da seitdem ein externer Experte
für eine stabile und funktionstüchtige Betriebsinfrastruktur sorgt, kann sich das globale
IT-Team von Heineken gemeinsam mit der Geschäftsseite verstärkt auf strategische Initiativen konzentrieren.

Die Umstellung von Wartung und Pflege auf Innovation ist für jedes IT-Team eine Herausforderung. Die technologischen Veränderungen und Outsourcing-Prozesse benötigen
Zeit, und auch der erforderliche kulturelle Wandel darf nicht unterschätzt werden. Wenn
externe Partner an Bord kommen, mögen einige Mitglieder des IT-Teams anfänglich Sorge
um ihre Arbeitsplätze haben oder befürchten, dass ihre Autorität innerhalb des Unternehmens untergraben wird. Umfassende Kommunikation und Schulungen sind daher un-

erlässliche Voraussetzungen, um sicherzustellen, dass das Team erst einmal die Chancen dieser Veränderungen erkennt, um dann später von diesen zu profitieren.

7.6   Definition eines hochwertigen IT-Systems

Der erste Schritt zur Förderung einer agileren IT-Funktion ist die Bereitstellung eines hochwertigen IT-Systems, auf das sich das gesamte Unternehmen verlassen kann. Qualität ist somit ein wichtiges Stichwort in diesem Zusammenhang, wobei sich IT-Qualität nur schwer definieren lässt, und Messgrößen, wie z. B. Betriebszeit, wurden oft nur als Proxies verwendet. Das reicht im Zweifel aber nicht aus, denn Endnutzer erwarten immer mehr von ihrer IT am Arbeitsplatz. Zu Hause arbeiten sie mit Web-Services (wie Gmail oder Facebook) und E-Mail-Software für Desktops. Bei diesen Anwendungen kommt es so gut wie nie zu Ausfällen. Am Arbeitsplatz erwarten Mitarbeiter dieselbe reibungslose und un-unterbrochene Verfügbarkeit der IT-Systeme, um sich mit voller Aufmerksamkeit auf die beruflichen Aufgaben konzentrieren zu können. Betriebsunterbrechungen sind aber nur eine unzulängliche Messgröße für die Nutzerzufriedenheit, um die es letztlich geht.

Bei Proxies verwenden wir keine Leistungskennzahlen mehr. Bei uns steht das Nutzerer-lebnis im Mittelpunkt. Wir vertreten die Ansicht, dass ein hochwertiges IT-System die Zu-friedenheit der Nutzer erhöht und es ihnen ermöglicht, ihre Arbeit – sowohl die alltägliche als auch Projekte – effektiv zu erledigen. Selbstverständlich ist eine zuverlässige IT-Infra-struktur eine wichtige Voraussetzung, aber auch Skalierbarkeit, Agilität und Flexibilität sind von entscheidender Bedeutung. Aus Sicht der Endnutzer machen diese Eigenschaften im Gesamtpaket ein qualitativ hochwertiges IT-System aus.

Ein hochwertiges IT-System beruht auf drei Faktoren: der Plattform, den Mitarbeitern und den Prozessen. Sie alle müssen optimiert werden, um den Bedürfnissen des Endnutzers gerecht zu werden.

7.7   Die Plattform

Als ich 2012 die CIO-Position bei Heineken übernahm, war eines meiner Hauptanlie-gen, die IT-Umgebung zu konsolidieren und überschaubarer zu machen, um besser und schneller auf Geschäftsanforderungen reagieren zu können. Unser IT-Altbestand ist im-mer noch beachtlich, es ist aber unser Ziel, neue Investitionen dafür zu nutzen, dass so viel IT wie möglich in die Cloud verlagert werden kann. Die Cloud bietet uns nicht nur die notwendige Zuverlässigkeit und Redundanz, sondern auch Skalierbarkeit. Diese wird insbesondere in Verbindung mit unseren Big-Data-Projekten immer wichtiger.

Wir setzen uneingeschränkt auf das „Software-as-a-Service"-Konzept und nutzen Dienste und Services wie Office 365, bei denen regelmäßige Aktualisierungen und Funktionser-weiterungen direkt vom Anbieter übernommen werden. Solche Lösungen sind ideal für uns, denn unsere Systeme bleiben auf dem neuesten Stand, während sich unser IT-Team ungestört mit strategisch ausgerichteten Projekten befassen kann.

Die Cloud erfüllt auch unsere Anforderungen an die Agilität der IT-Funktion und erleichtert so die beschleunigte Entwicklung neuer Services und Applikationen. Außerdem können wir unsere Ressourcen kurzfristig ausbauen und damit digitale Kampagnen unterstützen, die durch ungleichmäßigen oder schwer prognostizierbaren Bedarf gekennzeichnet sind. Wir können auch auf andere geschäftliche Veränderungen schnell und effektiv reagieren.

Das Preismodell der Cloud bietet einen weiteren Vorteil, da es die richtige Vorgehensweise bei Geschäftsprozessen fördert. Ein Flatrate-Modell beinhaltet nämlich keinerlei Anreize für Innovationen oder Rationalisierung im IT-Bereich oder für die Ausmusterung von Anwendungen am Ende ihres Lebenszyklus. Angesichts der Flut neuer Applikationen kann dies leicht übersehen werden und eine Anhäufung redundanter Anwendungen zur Folge haben. Dies gilt insbesondere, wenn man den immer länger werdenden Lebenszyklus digitaler Produkte bei gleichzeitig wachsender Anzahl kurzfristiger lokaler Aktionen in unseren Absatzgebieten in Betracht zieht.

Bei einem „Pay-as-you-go"-Modell – in der Welt von Heineken als „Pay-per-Drink"-Modell bezeichnet – entstehen dem Unternehmen geringere Kosten, wenn es weniger Ressourcen in Anspruch nimmt. Dieser Ansatz belohnt das richtige Verhalten und trägt zur Vermeidung von Ressourcenverschwendung bei. Wir haben uns ehrgeizige Ziele für die Reduzierung unserer CO_2-Emissionen gesetzt, und eine effektive IT-Nutzung kann hier einen wichtigen Beitrag leisten. Außerdem fühlen sich auch die Nutzer dadurch eher zu Risikobereitschaft und Innovationsfreudigkeit motiviert. Alle IT-Projekte unterliegen einem gewissen Downtime-Risiko, daher brauchen Unternehmensleiter häufig einen Anreiz, um ein IT-Projekt überhaupt in Angriff zu nehmen.

Die Cloud ermöglicht es uns auch, das Konzept des dynamischen Arbeitsplatzes voranzutreiben. Mitarbeiter sind von den Geräten, die sie zu Hause verwenden, begeistert. Dazu gehören Smartphones und Tablets, die aktuelle Informationen über intuitive, leicht bedienbare Benutzeroberflächen bereitstellen. Zunehmend wird eine ähnliche Technologie auch am Arbeitsplatz erwartet. Die Vorstellung, dass man einen bestimmten Schreibtisch aufsuchen oder ein bestimmtes Gerät benutzen muss, um Informationen zu finden, erscheint veraltet. In der Erwartung der Nutzer sollten Unternehmenssysteme auf dieselbe Weise zugänglich sein wie die private E-Mail und die sozialen Netzwerke: überall, jederzeit und mit jedem verfügbaren Gerät. Aus Unternehmenssicht ist dies für Agilität und Wettbewerbsfähigkeit unerlässlich.

Die Zufriedenheit der Nutzer steigt, wenn sie ihre Lieblingsgeräte verwenden können. Daher prüfen wir gegenwärtig die Strategien „Bring Your Own Device" (BYOD) und „Bring Your Own Mobile" (BYOM). Heineken ist eine anspruchsvolle Marke, daher könnte ein falscher Eindruck entstehen, wenn ein Vertriebsvertreter bei einem Kundenbesuch einen alten, lädierten Laptop mitbringt. Aus IT-Sicht sollte es keine Rolle spielen, ob der Nutzer Android, Apple oder Windows bevorzugt; uns geht es nur darum, die Zufriedenheit des Nutzers zu erhöhen.

Im Rahmen der schrittweisen Implementierung des dynamischen Arbeitsplatzes und der BYOD-Initiative haben wir unter dem Namen „HeiHosting" zwei Programme eingeführt, mit denen wir unsere SAP-Instanzen und Nicht-SAP-Software konsolidieren und unsere Server-Landschaft rationalisieren konnten. Dies war ein wichtiger erster Schritt, denn eine lokalisierte Software- und Server-Landschaft hemmt die Dynamik und erschwert die Bereitstellung eines konsistenten Fernzugangs zu Anwendungen. Die Vereinfachung unserer IT-Umgebung war somit das wichtigste Projekt innerhalb unseres Strategieplans.

Unserer Meinung nach ist eine hochwertige IT-Plattform ohne Standardisierung nicht möglich. Wir wollen Anwendern die Möglichkeit geben, Standardlösungen von erstklassigen Partnern zu verwenden, ohne dass eine individuelle Anpassung vorgenommen werden muss, damit wir sie schneller und preiswerter zum Einsatz bringen können. Individuelle Anpassungen sind mit Risiken verbunden und erfordern abrufbares Spezialwissen über die Art und Weise der Änderungen am System. Sie erfordern auch mehr Zeit, die besser in weitere strategische Initiativen sowohl auf der IT- als auch auf der Geschäftsseite des Projekts investiert werden könnte. Auch hier greifen wir daher auf die Roadmap und das Angebot von T-Systems zurück, damit wir das Rad nicht neu erfinden müssen, und nutzen die zusätzliche Zeit und die finanziellen Mittel lieber für Innovationen.

Ein wichtiger Grundsatz für unsere Plattform lautet: Wir wollen nicht die ersten sein, die eine neue Technologie einführen. Auf den ersten Blick wirkt das vielleicht nicht gerade innovationsfreudig, aber genau das Gegenteil ist der Fall. Wir können nur innovativ sein, wenn wir agil handeln, mit Systemen arbeiten, die ein Nutzer gern übernimmt, und eine enge Beziehung zwischen Anwendern und IT-Team pflegen. Eine Technologie, die sich noch nicht bewährt hat und die möglicherweise Ausfälle oder andere Störungen herbeiführt, kann all dies gefährden.

7.8 Die Mitarbeiter

Die Bereitstellung der richtigen Plattform ist aber nur ein Mosaikstein des Gesamterfolgs, der wiederum maßgeblich von den verantwortlichen Personen abhängt. Man kann in der Regel davon ausgehen, dass die Mitarbeiter über die notwendige Qualifikation und Erfahrung verfügen. Was also die „Qualität" der Mitarbeiter entscheidend ausmacht, ist ihre Fähigkeit, zusammenzuarbeiten, zu kommunizieren und zu vermitteln, insbesondere zwischen Kunden und Service-Providern bei Outsourcing-Vereinbarungen.

Intern fällt dem IT-Team eine wichtige Rolle bei der Koordinierung des Partner-Ökosystems zu. Außerdem muss das Team sicherstellen, dass die Partner die Geschäftsanforderungen erfüllen – Outsourcing bedeutet schließlich nicht, dass sich das IT-Team um nichts mehr kümmern muss. Extern stellen Outsourcing-Partner die konsequente Aufrechterhaltung der IT-Qualität sicher und fördern die Weiterentwicklung der Plattform.

Eine langfristige Beziehung ist das A und O einer Outsourcing-Partnerschaft. Bei Heineken sind wir nicht daran interessiert, Sanktionen zu verhängen, wenn vertragliche Service-Level-Bestimmungen nicht eingehalten werden. Dies klingt möglicherweise seltsam, da Sanktionen gegenüber Lieferanten für die Outsourcing-Branche nichts Ungewöhnliches sind. Wir sind aber der Auffassung, dass es kurzsichtig ist, bei Fehlern auf Sanktionen und Entschädigung zu bestehen, anstatt gemeinsam an einer Lösung zu arbeiten. Sanktionen lösen keine grundlegenden technischen Probleme und können auch nicht gewährleisten, dass man das jeweilige Problem in den Griff bekommt. In Zeiten, in denen Unternehmen und IT-Provider enger zusammenarbeiten müssen, weil ein Problem aufgetreten ist, treiben Sanktionen einen Keil zwischen die Parteien und demotivieren diejenigen, die für den Erfolg unserer IT am wichtigsten sind. Man sollte sich eine Outsourcing-Beziehung vielleicht wie eine Ehe vorstellen, in der man sich gegenseitig Fehler vergibt und einander dauerhaft unterstützt.

Das heißt nicht, dass die Outsourcing-Unternehmen leichtes Spiel haben. Deren Mitarbeiter können sich nicht auf dem reibungslosen Funktionieren der Systeme ausruhen und hoffen, dass der Kunde sie nicht weiter behelligt. Heineken ist ein Bierunternehmen, kein IT-Unternehmen. Wenn wir Rat brauchen, wenden wir uns an unsere IT-Partner, und wir erwarten auch, dass ein Unternehmen wie T-Systems uns frühzeitig auf Möglichkeiten zur verstärkten Standardisierung und auf neue Technologien aufmerksam macht, die unseren Anforderungen noch besser gerecht werden. Das interne IT-Team muss sich auf Innovation konzentrieren und ein zuverlässiger Berater des Unternehmens werden, und ebenso müssen Outsourcing-Partner bereit sein, unsere unternehmerischen Vorhaben mit zu tragen und zu verlässlichen Beratern des IT-Teams zu werden.

Dies ist nur möglich, wenn beide Parteien auf der Grundlage eines tiefen beiderseitigen Geschäftsverständnisses offen und ehrlich miteinander kommunizieren, und zwar sowohl über Chancen als auch über Schwierigkeiten. In einem sanktionsorientierten Umfeld kann die Befürchtung, dass Schwächen ans Licht kommen, diese Art der Kommunikation im Keim ersticken. Gespräche wie diese können bei einer dauerhaften Bindung die Partnerschaft und die IT-Systeme nur stärken. Sie schaffen die Grundlage für eine stabile langfristige Planung.

Diese Art von Beziehung erfordert eine Änderung der Kompetenzanforderungen. Das interne IT-Team darf die Outsourcing-Anbieter nicht als Lieferanten ansehen, sondern muss mit ihnen auf einer kollegialen und partnerschaftlichen Ebene zusammenarbeiten. Das ist weitaus schwieriger, als einfach nur zu prüfen, ob die IT funktioniert, und zu entscheiden, welche Sanktionen im anderen Fall verhängt werden können. Das externe Team wiederum muss über mehr technische Kompetenzen verfügen, als man für die Überwachung der Funktion heutiger IT-Systeme braucht. Strategisches Mitdenken ist gefragt, damit durch eine vorausschauende Systementwicklung die langfristigen Ziele des Kunden auch umgesetzt werden können.

Beide Seiten müssen größtmögliches Vertrauen aufbringen. Wer früher unter sanktionsorientierten Bedingungen gearbeitet hat, muss sich zunächst bestimmt bemühen, weniger defensiv zu reagieren und offener zu werden. Ehemals operative und reaktive Funktionen werden in strategische und initiative Aufgaben umgewandelt. Es ist immer noch schwierig, Mitarbeiter mit den entsprechenden Voraussetzungen zu finden, daher müssen sowohl Kunden als auch Anbieter ihr Personal bei der Kompetenzerweiterung unterstützen.

Intern könnte die Umstellung bei jenen Mitarbeitern auf Widerspruch stoßen, die lieber bei ihren bisherigen IT-Tätigkeiten bleiben würden, anstatt sich nun strategischen Aufgaben zu widmen. Im Fall von Heineken und T-Systems haben sich Teams beider Unternehmen zusammengetan, um den Fachbereichen von Heineken zu erläutern, welche Änderungen zu erwarten sind und wie sie davon betroffen sein werden. Mit einer offenen Kommunikation innerhalb der einzelnen Unternehmen kann man entscheidend dazu beitragen, dass alle Beteiligten die Vorteile einer engeren Zusammenarbeit erkennen.

7.9   Die Prozesse

Kunden und Outsourcing-Anbieter müssen gemeinsam planen, welche Prozesse implementiert werden. Ein einleitender Abgleich der Geschäfts-IT stellt zunächst sicher, dass die Technik den Anforderungen des Unternehmens gerecht wird. So ist gewährleistet, dass der Outsourcing-Partner die richtigen Lösungen bieten kann, und eventuelle Lücken bezüglich der Anforderungen werden ermittelt.

Es ist wichtig, dass die Kundenorganisation eine klare Vorstellung davon hat, was für eine Architektur genau gewünscht wird, damit alle Änderungen am System den Anforderungen des Kunden an seine IT entsprechen. Ohne eine derartige Vision besteht das Risiko, dass die Architektur allmählich in eine Richtung abdriftet, die der Kunde sich nie als die optimale ausgesucht hätte.

Service-Level-Agreements bleiben für beide Seiten wichtig, um die gegenseitigen Erwartungen zu dokumentieren. Man sollte aber auch unbedingt darüber nachdenken, was man mit der Beziehung erreichen will, und die erfolgreiche Umsetzung dieser Ziele effektiv überwachen. Messgrößen sind für uns der Grad der Standardisierung und die Server-Konsolidierung. Darüber hinaus wenden wir einen Index für Kostenreduktion an. Hierin spiegeln sich die für die Beziehung geltenden strategischen Vorgaben wider und geben Aufschluss darüber, wie schnell wir uns in Richtung einer agilen Innovationsplattform bewegen.

Auch „Zero Outage" ist eines der Ziele, die wir verfolgen. Ein umfassendes Qualitätsmanagement auf Provider-Seite mit Maßnahmen für eine stabile IT ist eine Voraussetzung für die Zufriedenheit der Endnutzer und den unterbrechungsfreien Betrieb unseres Geschäfts. Die Produktionsprozesse von Heineken sind zunehmend von IT-gestützter Automatisierung abhängig, sodass Betriebsunterbrechungen erhebliche geschäftliche Auswirkungen haben können. Es ist unmöglich, die Zeit aufzuholen, die beim Stillstand einer Fertigungslinie verloren gegangen ist. Wenn eine Brauerei einen Tag lang kein Bier brauen kann, ist das schlichtweg eine Katastrophe.

Die Prozesse, die T-Systems für die Umsetzung seiner Zero-Outage-Ziele einsetzt, reichen von der Verfügbarkeit für das Tagesgeschäft bis hin zu Projekten, die dem größten Risiko einer Betriebsunterbrechung unterliegen. Durch wirksame Projektplanung, Mitarbeiterzertifizierung, regelmäßige Systemüberwachung und umfassende Business-Service-Überwachung beugt man schwerwiegenden Störungen vor. Die Prozesse erhöhen die Netzwerkverfügbarkeit von Heineken und überwachen alle Risiken in der Betriebsumgebung. Die Wirksamkeit dieser Prozesse wird anhand des TRI*M-Index gemessen, der für die drei Ms steht: Measuring, Monitoring und Managing. Um den Fortschritt zu verfolgen, beauftragt T-Systems das Marktforschungsunternehmen TNS Infratest mit einer entsprechenden Kundenbefragung. In den letzten drei Jahren konnte T-Systems die Ergebnisse und damit die Kundenzufriedenheit von Heineken von 40 auf 110 steigern, ein Ergebnis, das auf hochwertige Plattformen, Prozesse und Mitarbeiter zurückgeht.

Es ist auch wichtig, Prozesse einzuführen, die die Kommunikation zwischen den einzelnen Partnern im Outsourcing-Ökosystem ermöglichen. Die Kundenorganisation sollte sich dabei nicht auf eine Vermittlerrolle beschränken, sondern die Partner zur Kooperation untereinander im Interesse des Kunden und der Outsourcing-Anbieter ermutigen.

In unserem Fall arbeitet T-Systems eng mit anderen Partnern im Ökosystem zusammen und erörtert in wöchentlichen Besprechungen und monatlichen Meetings, wie man gemeinsam die Anforderungen von Heineken erfüllen kann. Oberste Priorität haben Innovation und die Rationalisierung der Applikations-Landschaft. Bei betrieblichen Problemen können diese Unternehmen gemeinsam an Lösungen arbeiten, ohne dabei Heineken in den Prozess involvieren zu müssen. Selbst wenn unser IT-Team in einigen Fällen einen Beitrag im Hinblick auf unsere Unternehmensperspektive leisten wird, so kann sich das Team aufgrund der Befreiung von Routineanfragen gemeinsam mit den Endnutzern verstärkt der digitalen Innovation widmen. Hochwertige Prozesse sollen, soweit möglich, dafür sorgen, dass die IT-Systeme vom unternehmensinternen IT-Team unabhängig gesteuert werden können.

Dies ist nur bei einer partnerschaftlichen Beziehung möglich, die durch bestimmte Prozesse unterstützt wird. Der Kunde muss darauf vertrauen können, dass die Anbieter in seinem Interesse handeln. Die Ökosystem-Partner sollten offen damit umgehen können, dass sie gelegentlich miteinander im Wettbewerb stehen und in diesen Fällen die Meinung des Kunden über das weitere Vorgehen einholen müssen. Alle Beteiligten müssen darauf zählen können, dass sie von ihren Kollegen in anderen Organisationen unterstützt werden und im Falle von Problemen alle gemeinsam an einer Lösung arbeiten.

Um das Miteinander der Organisationen zu gewährleisten, gibt es auch einen kontinuierlichen Dialog zwischen den Führungsteams bei Heineken und T-Systems. Eine starke Beziehung kann nur auf gegenseitigem Vertrauen aufgebaut werden, indem beide Parteien ihre Ziele, anstehende Innovationen, Erwartungen und Wünsche miteinander teilen.

7.10   Fazit

Neue Technologien wie Big Data und das Internet der Dinge bieten Unternehmen, die ihre Kunden besser verstehen und auf neue Art begeistern wollen, vielversprechende Möglichkeiten. Um dieses Potenzial ausschöpfen zu können, bedarf es eines qualitativ hochwertigen IT-Systems, das sich durch Zuverlässigkeit, Agilität, Skalierbarkeit und Flexibilität auszeichnet. Die richtige Cloud-Plattform bildet die Grundlage für ein derartiges IT-System, das aber auch durch die richtigen Mitarbeiter und Prozesse unterstützt werden muss. Insbesondere die IT-Teams müssen sich stärker strategisch orientieren, um die Geschäftsvoraussetzungen für Innovation zu schaffen. Außerdem müssen Unternehmen und ihre Outsourcing-Partner in einer vertrauensvollen Beziehung zueinander stehen. Dies schafft eine solide Basis für das alltägliche und das strategische Management der IT-Systeme und die besten Voraussetzungen für Innovationen. Kurzum: Ohne ein qualitativ hochwertiges IT-System als Grundlage kann es keine digitale Innovation geben.

Literatur

Gartner (2014): Gartner Says 4.9 Billion Connected "Things" Will Be in Use in 2015. Pressemitteilung abrufbar unter: http://www.gartner.com/newsroom/id/2905717. Zugegriffen: 29.08.2015.

Autor

 **Anne Teague** hat mehr als 20 Jahre Erfahrung in der Leitung und Entwicklung globaler IT-Programme für FMCG-Großunternehmen. In der Zeit vom Februar 2012 bis August 2015 war sie als Global CIO bei Heineken International für die erfolgreiche Umsetzung der Standardisierung und Globalisierung von Systemen, Prozessen und Daten verantwortlich. Heute ist Anne Teague als freie Beraterin tätig und unterstützt andere Unternehmen in ihren IT-Transformationsprozessen.

Die Gegenkultur des Silicon Valley

Steffan Heuer

Selbst in nur wenigen Wochen lassen sich im Silicon Valley Ideen sammeln und dauerhafte Beziehungen etablieren – einschließlich eines wohl kalkulierten Kulturschocks. Doch was bringen Führungskräfte deutscher Unternehmen konkret aus dem Epizentrum globaler Innovationen von ihren Besuchen mit nach Hause?

Egal ob Thomas Neubert Gästen aus Deutschland im Silicon Valley Türen zu großen Unternehmen oder kleinen Start-ups öffnet, in der Regel verfolgen die Besucher mit ihren Reisen drei Ziele: Denkanstöße sammeln, Partnerschaften ausloten und vielleicht sogar Beteiligungen anbahnen. Neubert leitet in Mountain View seit 2012 das Group Business Development und Partnering für die Deutsche Telekom und kennt die Hightech-Hochburg nach insgesamt 25 Jahren in der Region wie kaum ein anderer. Das kommt den Gästen zugute, für die Neubert regelmäßig zumeist einwöchige, sogenannte „Innovations-Expeditionen" im Valley organisiert.

Eine Woche klingt kurz, allerdings werden schon in monatelanger Vorarbeit die „je nach Technologie oder Geschäftsbereich wichtigsten großen Player, Venture-Kapitalisten und spannendsten Start-ups für die Besucher identifiziert. Allein schon, um deren Neugier und Interessen in geordnete Bahnen zu lenken, damit etwa Neuberts europäische Arbeitskollegen und amerikanische Partner von solchen Kurztrips maximal profitieren. Indem sie gemeinsam aufziehende Trends frühzeitig erkennen, ihre mögliche Markteinführung in Europa testen sowie Partnerschaften und Beteiligungen eingehen, die sich für beide Seiten lohnen.

Beispiel Deutsche Telekom: Von Vorständen bis zu den Marketingchefs aller europäischen Ländergesellschaften – bis zum Sommer 2015 hatten bereits rund 80 Teilnehmer diese intensiven Begegnungen mit dem kalifornischen Hightech-Zentrum durchlaufen. „So haben wir eine glaubhafte Präsenz im Valley aufgebaut, die es uns erlaubt, Trends und Ideen zu finden und auch umgekehrt unsere Ideen hier einzubringen", sagt der Partnering-Chef. „Aus diesem Austausch erwachsen regelmäßig Partnerschaften für den europäischen Markt, die für ein Start-up aus dem Valley, das schnell wachsen will, sehr lohnend sind."

8.1   Unerschöpflicher Tech-Boom

Mit dem Wunsch nach einem schnellen und dynamischen Brückenkopf ins Epizentrum der vernetzten Welt steht die Telekom nicht alleine da. Europäische Unternehmer und Manager zieht es schon seit Langem an die Westküste. Gespeist vom anhaltenden Tech-Boom entsenden immer mehr deutsche Unternehmen Mitarbeiter in die Region zwischen San Jose und San Francisco.

Oft kommen sie nur für Wochen oder Monate nach Nordkalifornien, doch der Trend geht eindeutig hin zu längeren, oft mehrjährigen Aufenthalten, um permanent statt nur in Intervallen Trends scouten zu können, näher am Dealflow der örtlichen Wagniskapitalgeber zu sein und sich generell von der schnelleren und offeneren Kultur der gesamten Bay Area inspirieren zu lassen. Im Extremfall verbringen einige deutsche Unternehmer sogar mehr Zeit in Kalifornien als an ihrem Stammsitz in Europa, denn sie haben nach ein paar Jahren ständiger Expeditionsreisen erkannt, dass internationale Kunden und kalifornische Partner sowie Investoren mehr Anwesenheit von ihnen verlangen und umgekehrt die erweiterte Präsenz im Silicon Valley als gutes Verkaufsargument in der alten Welt benutzt werden kann.

Technische Innovation passiert natürlich nicht nur im Silicon Valley, aber kaum eine andere Region hat es vermocht, seit den 1950er-Jahren derart viele Erfolgsgeschichten zu produzieren. Der Halbleiterfertigung folgte die Computerindustrie und – seit dem Siegeszug des Webs – die Internet-Wirtschaft rund um Anwendungen für den vernetzten Alltag und das Internet der Dinge. Das „Valley" wurde zur Wiege von Intel, Cisco und Apple, später auch für die jüngste Generation weltweit erfolgreicher Namen wie Google, Facebook, Twitter und Co.

8.2   Magnet für Kapital und Kreativität

Statistiken sprechen eine deutliche Sprache. Der Strom der Neuerungen scheint nie abzureißen, denn immer wieder gehen wichtige und zuweilen kontroverse Impulse zur digitalen Transformation quer durch alle Branchen von örtlichen Start-ups aus. Allein 2014 flossen 25,3 Milliarden Dollar Wagniskapital in die Region mit heute gut drei Millionen Einwohnern. „Im Silicon Valley wird bereits die Idee finanziert und nicht erst der Erfolg", machte Ulrich Grillo, Präsident des Bundesverbandes der Deutschen Industrie (BDI) unlängst im Handelsblatt einen der vielleicht wichtigsten kulturellen Unterschiede deutlich. So fließt in US-Start-ups, gemessen an der Wirtschaftskraft, siebenmal so viel Risikokapital wie in deutsche. Gerade in puncto Finanzierungsmöglichkeiten, so Grillo, hinke das deutsche Gründungsgeschehen hinterher. So hat die Vielzahl von Neugründungen einen erheblichen Anteil daran, dass im vergangenen Jahr fast jeder zehnte Börsengang in den USA von Firmen aus dem Silicon Valley erfolgte.

Kein Wunder, dass deutsche Unternehmen dieses kreative Treiben, das kluge Köpfe aus aller Welt anzieht, genauer im Auge behalten wollen. So evaluiert das Team um Telekom-Manager Neubert Dutzende von Neugründungen, die in Bereichen wie Big Data, dem Internet der Dinge, dem Connected Home, Wearables oder Diensten für Endverbraucher arbeiten. Im Ergebnis drängen sich dann bei den „Expeditionen" Tag für Tag vier oder mehr Termine, auf denen große Firmen wie Cisco oder Apple ihre Vision für die vernetzte Zukunft skizzieren und Neugründungen manchmal erst halb gare Lösungen präsentieren. „Diese Besuche sind thematisch genau umgrenzt", so Neubert, „schon, um Innovations-Tourismus nach dem Gießkannenprinzip zu vermeiden." Vor allem werden bei vielen dieser Treffen neue Ideen oder potenziell lohnende Geschäftsbereiche deutlich offener diskutiert, als es bei einem der üblichen Treffen oder Verkaufsgespräche zu Zwecken der Kundenpflege der Fall ist.

8.3   Two-Pager statt hundertseitiger Verträge

Ebenso gezielt gehen andere deutsche Unternehmen vor. Stefanie Kemp, Leiterin RWE IT Governance und Teil des Führungsteams des RWE Innovation Hubs, reist seit einem Jahrzehnt immer wieder ins Silicon Valley, „um zu schauen, wo wir Innovationen sinnvoll in unsere Geschäftsfelder einbringen können, die stabil sind und Wachstumspotenzial haben." Hier spielen für Kemp insbesondere große Trendthemen wie digitale Transformation, Industrie 4.0 und das Internet der Dinge eine Rolle. Diese Trends schlagen sich für ein Unternehmen wie RWE in Aktivitäten wie dem dezentralen Energiemanagement oder Smart- und Connected-Themen nieder.

Beispielhaft für Start-ups, deren Ideen ihr Unternehmen quasi elektrisiert haben, nennt Kemp etwa die Firma Enlighted. Die Ausgründung des Massachusetts Institute of Technology (MIT) beschäftigt sich mit der sensorgesteuerten Raumverteilung von Licht entsprechend den Bewegungen von Menschen. C3 Energy entwickelt Smart-Grid-Applikationen und begreift die Energieversorgung als einen Aspekt der Sharing Economy. Diese beinhaltet unter anderem flexible und intelligente Abrechnungsplattformen und Managementplattformen, über die sich potenziell Millionen Haushalte mit Solaranlagen untereinander Ladestationen für Elektrofahrzeuge und deren Stromversorgung teilen könnten. „Im Valley gibt es täglich neue Lösungen, Produkte und Innovationen, über die sofort Verträge geschlossen werden. Und das ganz ohne Patentanmeldung oder hundertseitige Vertragswerke, sondern auf Basis eines zweiseitigen Papiers, jetzt und gleich – das hat schon eine eigene Kultur", so Kemp.

8.4   Weniger Komplexität – mehr Risiko

Vor allem in diesem Sinne bringen die RWE-Manager von ihren Besuchen ein besseres Verständnis für Innovationskultur mit. Kemp stellt sich immer wieder die Frage: „Warum schafft es das Silicon Valley als eigene Community, den Innovationszyklus ständig am Laufen zu halten?" Mitunter seien es auch „einfache Erkenntnisse, die wir mit nach Hause gebracht haben: Wir arbeiten auch an der Veränderung unserer Unternehmenskultur. Es geht darum, Komplexität zu reduzieren und eine neue Fehler- und Risikokultur zu etablieren. Wir wollen lernen, dass Scheitern auch ein Erfolg sein kann, solange aus den Fehlern gelernt wird." Um Teil des Ökosystems in Kalifornien zu werden und sich mit potenziellen Partnern schneller vernetzen zu können, hat RWE seit März 2015 ein fünfköpfiges Team vor Ort etabliert.

Ähnlich die Pläne, die der Energiekonzern E.ON mit dem Silicon Valley verknüpft: „An keinem anderen Ort der Welt kommen Kreativität, Kapital und Unternehmertum so zusammen wie hier. Das ist ein einmaliger Nährboden für Innovation und Tempo und macht den Ort als Ideenschmiede so schlagkräftig", so E.ON-CIO Edgar Aschenbrenner. Konkret verfolgt der Konzern vor Ort drei übergeordnete Ziele: „Wir besuchen erstens Unternehmen, von denen wir glauben, dass sie zur Weiterentwicklung und Umsetzung unserer Digitalisierungsstrategie beitragen können. Zweitens sammeln wir kulturelle Denkanstöße, etwa wie man Social Media einsetzen kann, um Hierarchien und Strukturen im Unternehmen für Ideen durchlässiger zu machen." So gibt es mittlerweile bei E.ON das „Executive Hub", eine Art internes Facebook für die Vorstands- und Top-Management-Ebene. Drittens holt sich E.ON in Kalifornien Anregungen, wie man Kunden neue, webbasierte Dienste anbieten kann: „Wir schauen da drüben: Wie baut man so etwas architektonisch auf, hält es ‚simple to use' und untermauert es mit einem tragfähigen IT-Security- und Datenschutz-Konzept. – Und zu Hause setzen wir es dann mit unseren IT-Partnern um", ergänzt Aschenbrenner. Ein konkretes Ergebnis war der Aufbau eines Big Data Labs durch die E.ON Unit Technology & Innovation, das zum Beispiel den Ausfall von Assets prognostiziert, um vorausschauende Wartung zu initiieren oder Verbrauchsdaten von Geschäftskunden analysiert, um daraus Einsparungsideen und Effizienzmaßnahmen abzuleiten. „Die Lab-Mitarbeiter haben traditionelle Wege verlassen und können heute innerhalb von Tagen oder gar Stunden Ergebnisse liefern", so Susana Quintana-Plaza, Senior Vice President Technology & Innovation bei E.ON.

Seit dem Sommer 2014 unterhält E.ON Technology & Innovation zudem eine Dependance in San Francisco, die als „dauerhafter Brückenkopf" nach Technologien, Prozessen, Themen und Unternehmen sucht. Geleitet wird das Büro von Konrad Augustin, der sich um strategische Co-Investments kümmert. Zuvor hatte das Unternehmen über zwei Jahre hinweg jeweils im Sechs-Monats-Rhythmus einen Mitarbeiter seines Venture-Teams ins Silicon Valley entsandt und im Büro eines örtlichen Wagniskapitalpartners untergebracht.

8.5 Konkrete Ergebnisse und eine Portion Euphorie

„Wie lange man bleibt, hängt von der Aufgabe ab", sagt Augustin zur Frage nach dem optimalen Timing. „Wenn es mehr ums Geschäftliche geht, sind schon ein paar Tage oder Wochen hilfreich, um Impressionen zu sammeln, das andere Denken und die Risikobereitschaft zu erleben. Wenn es um Investitionen geht, braucht man mehr Zeit, um Netzwerke aufzubauen und den Dialog zu pflegen." Augustin beschreibt seine Aufgabe als „Markt-entwicklung", also den Kontakt mit jungen Firmen jenseits der Konzepterprobungsphase sowie mit Venture-Kapitalisten zu suchen. „Scouting ist wichtig, aber immer nur der erste Schritt." So hatte sich E.ON bis zur Jahresmitte 2015 an sieben Start-ups aus dem Silicon Valley beteiligt (aus insgesamt 12 in den USA und Europa), deren Lösungen den aufzie-henden Veränderungen im Energiemarkt Rechnung tragen.

Doch dürfe man nicht, so die Erfahrung von Edgar Aschenbrenner, „nur auf Start-ups schauen. Wir gehen natürlich auch zu Cisco oder Intel", heißt es im Unternehmen, „schau-en uns an, wie die nächste Chip-Generation aussieht und wohin sich die Rechnerwelt ent-wickelt. Wenn man nur sieht, wie viel Budget und Mitarbeiter diese Unternehmen in For-schung und Entwicklung investieren, versteht man: Das sind Power-Häuser."

Dieser unglaublich dynamische und deswegen für ausländische Besucher und Geschäfts-leute so attraktive Mix aus Großunternehmen mit einer inzwischen globalen Präsenz und einem fast unüberschaubaren Ökosystem aus vielen kleinen Neugründungen, die in fast jeder nur denkbaren Nische arbeiten, ist kein Zufall. Es ist das Produkt einer historischen Entwicklung, die sich bis vor die Geburtsstunde von Moore's Law zurückverfolgen lässt. Zur Erinnerung: Intel-Mitgründer Gordon Moore formulierte 1965 in einem kurzen Aufsatz für die Fachzeitschrift Electronics Magazine, dass sich die Komplexität und da-mit Leistungsfähigkeit von Computerchips alle 12 Monate verdoppeln werde. Zehn Jahre später modifizierte er seine Prognose vom exponentiellen Wachstum auf 24 Monate, und dieser Zyklus gilt bis heute als treibende Kraft für die Innovationsfähigkeit des Valley. Der Technologieberater Rob Enderle nennt Moore's Law deswegen den „Herzschlag" der Re-gion. „Es hat das Valley mit einem in der Geschichte einzigartigen Tempo vorangetrieben und ihm seine Führungsposition in der Welt ermöglicht", so Enderle.

Die Historikerin Leslie Berlin, die die „Silicon Valley Archives" an der Universität Stanford unterhält, sieht insgesamt drei Triebkräfte, die die Region zu einem Mekka für ausländi-sche Geschäftsleute, Ingenieure und Programmierer gemacht haben: Technologie, Kultur und Kapital. Transistoren seien dabei das Sandkorn gewesen, um das herum sich die Perle Silicon Valley gebildet habe und immer noch kontinuierlich weiterentwickle – von den ersten Halbleitern bis zur Cloud und zu mobilen Apps.

Mindestens ebenso bedeutsam sei die besondere Kultur des Valley, das sich von einem Agrargebiet mit Obsthainen zu einer Gemeinschaft Neugieriger und Tüftler wandelte. Der anhaltende Bevölkerungszuwachs sorgt auch heute noch dafür, dass regelmäßig frisches Blut und frische Ideen nachfließen, bei denen sich die deutschen Dauergäste mit gebür-tigen US-Bürgern, anderen Europäern, Chinesen oder Indern austauschen und messen können. So verdreifachte sich die Einwohnerzahl des Valley von 1950 bis 1970 auf eine Million. Das, so Berlin, entspricht rein rechnerisch einem neuen Bürger alle 15 Minuten über 20 Jahre hinweg. Heute stammt jeder dritte Bewohner der Region nicht aus den USA, bei College-Absolventen steigt der Ausländeranteil sogar auf mehr als 60 Prozent.

Sicher ist: Wer hierherkommt und bleibt, ist bereit, sich auf ungewohnte Strukturen und einen meist ungewohnt unkomplizierten Umgangston einzulassen, der sich von klassischen europäischen Normen und selbst denen der amerikanischen Ostküste unterscheidet. Diese beinahe institutionalisierte Experimentierfreudigkeit zieht unterm Strich eine besondere Klasse Manager und Macher an, bereit, sich auf die Andersartigkeit des Valley einzulassen. Und die beruht zu einem gewissen Maß auch auf der „Counter Culture" oder Gegenkultur San Franciscos, die – zumindest teilweise – Einzug ins Denken der dortigen Technologie-Elite gehalten hat.

Das dritte bedeutsame Element, das das Valley zum großen Magneten für europäische Geschäftsleute und Tüftler macht, ist sein Netzwerk aus großen, institutionellen und kleinen Geldgebern, die bereit sind, auf „das nächste große Ding" zu setzen, selbst wenn es fern der historischen Kernkompetenzen purer Hardware und Software liegen sollte. Beste Beispiele sind der Aufstieg von hochgradig disruptiven Neugründungen wie Uber oder Airbnb, die jeder auf seine Weise eine gewachsene Industrie wie das Transportwesen oder die Hotellerie ins Wanken bringen oder langfristig sogar aushebeln könnten. Und nur nebenbei bemerkt – definitiv ein weiterer Attraktionspunkt des Valley, liegt hier das durchschnittliche Jahreseinkommen mit 116.000 US-Dollar fast doppelt so hoch wie im Landesdurchschnitt.

Wie viele Teilnehmer von Innovations-Expeditionen aus erster Hand erfahren, kommen solche „Disruptions" meist nur deshalb zustande, weil etablierte Unternehmer oder Venture-Kapitalisten engmaschige Netzwerke aus Nachwuchsgründern anlegen und ständig pflegen, um Trends frühzeitig wahrzunehmen und in sie zu investieren. Kalifornisches Arbeitsrecht, das den ungestraften Wechsel von einem Unternehmen zum nächsten manchmal in Tagesfrist ermöglicht, befördert den ständigen Erneuerungsprozess, bei dem Ideen bzw. deren Schöpfer Runde um Runde nach ihrer Brauchbarkeit und Machbarkeit selektiert werden.

Historikerin Berlin zitiert den Halbleiter-Veteranen Robert Noyce, der das Phänomen des Generationenwechsels im Valley damit verglich, „neue Fische im Fluss auszusetzen". Soll heißen: Sobald ein Gründer Erfolg erzielt hat, gibt er mittels Wagniskapital oder Rat und Tat etwas an die Gemeinschaft zurück, die ihm (oder ihr) den Aufstieg ermöglicht hat. Und auch hier spielen Ausländer eine entscheidende Rolle. Mehr als die Hälfte aller Firmen, die zwischen 1995 und 2005 im Valley geschaffen wurden, haben mindestens einen Ausländer im Gründerteam. „Das Silicon Valley", resümiert Berlin, „wird von Einwanderern aufgebaut und am Leben erhalten. Kein anderer Ort auf der Welt – nicht einmal das heutige Valley selber – könnte diese einmalige Mischung reproduzieren aus akademischer Forschung, Technologie, Idealen der Gegenkultur und einer spezifischen kalifornischen Gold-Rush-Reputation, die Menschen anzieht, die risikofreudig sind und wenig zu verlieren haben."

Was genau also nehmen die kurz- oder langfristigen Besucher aus Deutschland mit zurück nach Hause, von Impressionen und Anekdoten einmal abgesehen?

Für Telekom-Manager Neubert ist es neben ersten Ansätzen künftiger Partnerschaften „immer auch eine solide Portion Euphorie". Wer eine Woche lang dicht getaktet bei Technologie-Größen wie Apple, Cisco oder Google zu Gast ist und obendrein eine ausgesuchte Liste spannender Neugründungen kennenlernt, den befallen fast Schwindelgefühle angesichts so viel selbstbewusster Innovationskraft. Die Impulse müssen verdaut und vor allem mit dem abgeglichen werden, was man zu Hause an festen Betriebsabläufen gewohnt ist. Neuberts Besucher brauchen deswegen in der Regel „ein bis zwei Wochen, bis sie wieder in ihren Alltag gefunden haben und sehen, was sich im eigenen Haus umsetzen lässt".

Bei ihren Besuchen lernen deutsche Unternehmen aber auch, dass der Alltag in Kalifornien die deutsche Unternehmenskultur, in der alles in geordneten Bahnen läuft, grundsätzlich in einem anderen Licht erscheinen lässt. „Man erkennt, dass man auch bereit sein muss, mehr neue Ideen zu testen und mehr anwendungsorientiert zu denken. „Das", sagt Augustin, „ist ein anderer Ansatz für ein großes Unternehmen, das bisher zentrale Lösungen bis ins Detail definiert hat. Wenn man in Zukunft dezentrale Endkunden-Lösungen im Auge hat, muss bzw. kann man nicht immer auf jede einzelne Frage eine Antwort parat haben. Wenn man bis dahin jedes Mal mit der praktischen Umsetzung und Integration von Veränderung warten wollte, kann es für viele gute Ideen schon zu spät sein."

Das Angebot des Valley zum Networken und Lernen reicht von großen Fachtagungen und Konferenzen großer Unternehmen oder aufstrebender Start-ups über hochkarätige Diskussionsrunden an einer der von Stanford und Berkeley angeführten beispiellosen Hochschullandschaft mit mehr als 30 Universitäten und Colleges. Aber auch Coworking-Spaces bis hin zu kleineren, eher inoffiziellen und manchmal sogar spontan organisierten Treffen sind ein ideales Forum, um neue Gedanken vorzutragen und Versuchsballons vor einem kundigen Publikum steigen zu lassen – stets in der Hoffnung auf ehrliches Feedback und um neue Bekanntschaften mit technologisch wie wirtschaftlich Gleichgesinnten zu schließen. So sind Besucher schnell versucht, viele Veranstaltungen zu besuchen, auf denen man Gründer, etablierte Player und Kapitalgeber kennenlernt. Und von solchen Veranstaltungen gibt es jeden Tag ein halbes Dutzend.

Dabei ist neben aller Begeisterung durchaus eine gesunde Portion Skepsis angebracht, wie Sven Paukstadt berichtet. Paukstadt arbeitet in der Bonner Zentrale der Deutschen Telekom als Senior Manager Partnering und war vom Februar bis April 2013 in Neuberts Büro im Silicon Valley zu Gast. Ihm fiel schnell das ausgeprägte Selbstbewusstsein der dortigen Tech-Szene ins Auge. „Jeder schaut aufs Valley, es gilt in aller Welt als cool. Und das wird auch lokal so gelebt", erinnert sich Paukstadt. „Die Leute dort sind total von sich überzeugt und vermitteln einem den Eindruck, als müssten sie nicht nach links oder rechts schauen."

Nach einem Vierteljahr voller Networking-Veranstaltungen und Gesprächen mit potenziellen Partnern wurde Paukstadt allerdings auch klar, dass man sich als deutsches Unternehmen nicht vor der kalifornischen Technologie-Hochburg verstecken muss. „Europäische Firmen sind keineswegs so langsam oder behäbig, wie es oft dargestellt wird. Viele Start-ups kochen allem Hype zum Trotz auch nur mit Wasser", sagt der Telekom-Manager rückblickend. „Wenn man seine Prozesse gut aufgestellt hat, kann man genauso schnell sein und meist sogar gründlicher arbeiten als ein Start-up aus dem Valley, etwa was Verträge und die Implementierung angeht." Auch diese unerwartete Einsicht, was die Qualitäten des heimischen Ökosystems angeht, ist ein wertvolles Ergebnis von Innovations-Expeditionen ans andere Ende der Welt.

Literatur

2015 Silicon Valley Index, Silicon Valley Institute for Regional Studies, http://siliconvalley-indicators.org/pdf/index2015.pdf, zugegriffen am 05.10.2015.

Handelsblatt Ausgabe v. 28.8.2015; Wege zur digitalen Republik, http://www.handelsblatt.com/my/politik/deutschland/analyse-von-bdi-praesident-ulrich-grillo-wege-zur-digi-talen-republik/12245950.html, zugegriffen am 05.10.2015.

Leslie Berlin: Why Silicon Valley Will Continue to Rule, https://medium.com/backchannel/why-silicon-valley-will-continue-to-rule-c0cbb441e22f, zugegriffen am 01.5.2015.

PwC PricewaterhouseCoopers National Venture Capital Association, Februar 2015, Money-Tree™ Report 2014, https://www.pwcmoneytree.com/Reports/FullArchive/National_2014-4.pdf, zugegriffen am 05.10.2015.

Vivek Wadhwa: Foreign-Born Entrepreneurs: An Underestimated American Resource, Kauff-man Fundation 11/2008, http://www.kauffman.org/what-we-do/articles/2008/11/foreignborn-entrepreneurs-an-underestimated-american-resource, zugegriffen am 05.10.2015.

Autor

 **Steffan Heuer** ist USA-Korrespondent des Wirtschaftsmagazins brand eins. Er berichtet seit bald zwei Jahrzehnten aus dem Silicon Valley für führende europäische und amerikanische Medien über Innovation und Technologie an der Schnittstelle von Wirtschaft, Gesellschaft und Kultur.

Heuer studierte Geschichte und Volkswirtschaft in Berlin und New Orleans und absolvierte außerdem die Graduate School of Journalism der Columbia University in New York. Seine Reportagen und Analysen erschienen unter anderen im Economist und der MIT Technology Review.

Er ist, gemeinsam mit der dänischen Journalistin Pernille Tranberg, Koautor des Buches „Fake It! Your Guide to Digital Self-Defense". Heuer lebt mit seiner Familie in San Francisco.

China als Frontrunner bei der Digitalisierung

Clas Neumann

9.1   Einleitung

Denkt man heute an die Digitalisierung der Industrie oder unseres Lebens ganz allgemein, so haben die allermeisten von uns ganz sicher das Bild selbstfahrender Autos vor Augen, vom intelligenten Wohnen, der Fabrik der Zukunft oder etwas genereller von Industrie 4.0 oder dem Internet der Dinge.

Auf Nachfrage, wo diese Trends denn stattfinden oder weitergetrieben werden, fällt allen Experten sofort die Westküste der USA ein. Die meisten würden noch die Ostküste, viele sicherlich auch Deutschland und Japan und wenige Israel oder Korea erwähnen. Die bevölkerungsreichsten und wirtschaftlich dynamischsten Länder der Erde, China und Indien, kommen in dieser Aufzählung meistens nicht vor.

China wird zwar inzwischen dank seiner wirtschaftlichen Stärke eine dominante Rolle als Markt und Produzent von digitalen Produkten aller Art zugesprochen, aber in den Köpfen der meisten Führungskräfte der westlichen Welt ist China immer noch ein Auftragsfertiger. Begriffe wie Innovation, Frontrunner oder Kreativität werden China nicht vorrangig zugesprochen, sondern eher Attribute wie Skalierung, Effizienz, Kopie und Simplifizierung.

Dabei wird leicht vergessen, dass China bereits heute in vielen Bereichen der Industrie führend ist – nicht nur in Sachen Produktionskapazität oder Marktgröße, sondern auch in seinen Möglichkeiten, in diesen Bereichen innovative Produkte zu entwerfen. Beispielhaft sei hier die Telekommunikationsausrüstung genannt, wo Huawei und ZTE nicht nur weltweit Marktführer wurden, sondern die Kunden immer wieder mit innovativen Neuerungen überraschen – beispielsweise dem VTA (Virtual Teller Agent) und dem VTC (Virtual Teller Center) von Huawei. Auch für mobile Endgeräte sind viele neue Player wie Lenovo, Huawei oder Xiaomi entstanden, die es verstanden haben, Geräte auf den Markt zu bringen, die den Geschmack (und die Preisvorstellung) der Kunden weltweit treffen. Gelungen ist dies nicht etwa durch stupides Kopieren existierender Geräte, die dank enormer Massenproduktion günstiger hergestellt werden können, sondern durch kluge Weiterentwicklung von Konzepten und bewussten Verzicht auf überflüssige Merkmale – doch dazu später mehr.

Zunächst einmal ist zu klären: Was ist eigentlich ein digitaler Frontrunner in Bezug auf ein Land?

Bei Firmen fällt es noch recht leicht, die führenden „digitalen" Unternehmen zu identifizieren, doch bei regionaler Betrachtungsweise ist das schon etwas schwieriger. Etwas vereinfacht gesagt, ist ein Land (oder eine Region) dann ein digitaler Frontrunner, wenn aus dem jeweiligen Gebiet eine überdurchschnittlich hohe Zahl an Innovationen oder an innovativen Unternehmen hervorgeht, die im Bereich der Digitalisierung erhebliche Fortschritte erzielen. Gleichzeitig müssen aber in einem solchen Land auch die Infrastruktur bestehen und eine hohe Anzahl von Nutzern verfügbar sein, die eine hohe Durchdringung von neuen Produkten und Services erlauben.

Das Silicon Valley zählt daher ganz sicher zu den globalen digitalen Frontrunnern, Bangalore in Südindien eher nicht – da sich die Stadt und der Bundesstaat trotz einer überdurchschnittlich hohen Zahl von IT-Unternehmen und Softwareentwicklern in einem schlechten Zustand befinden, was die Infrastruktur anbelangt.

Weitere Kriterien, die einen „digitalen Frontrunner" ausmachen sind:

- *Start-ups*, die dank eines günstigen Ökosystems (eines optimalen Zusammenspiels aus verfügbaren Talenten und Kapital) kontinuierlich an neuen, bahnbrechenden Ideen forschen

- *Große Unternehmen, staatliche Forschungseinrichtungen oder Universitäten*, die gut in das Ökosystem integriert sind

- Die *Anzahl der Nutzer* und deren Wille und Fähigkeit, Neues auszuprobieren

- Die Möglichkeit der Forschungs- und Entwicklungs-Community, sich *offen über Ideen auszutauschen*, also das gegenseitige Befruchten in sogenannten „Clustern"

- Last but not least ist auch die Rolle von *Regierungsprogrammen zur Förderung und zum Schutz von Innovation und geistigem Eigentum* zu nennen.

Ziel dieses Kapitels ist es, Chinas Potenzial als digitaler Frontrunner näher zu beleuchten – insbesondere im Hinblick auf die globale Rolle, die China in diesem Bereich spielen kann.

9.2   Marktgröße und Potenzial privater Nutzung

Es ist schon lange kein Geheimnis mehr – China ist im Bereich „Mobile Use of Consumers" weltweit führend. Zunächst gibt es in etwa so viele aktive Mobiltelefone (1,2 Milliarden) wie Menschen in China (1,3 Milliarden) – darüber hinaus war China auch das erste Land der Welt, das 2012 vermeldete, dass mehr Menschen per Mobiltelefon ins Internet gehen als per PC (vgl. ⊚ Abb. 9.1). In China wurden allein im Jahr 2014 über 400 Millionen Mobiltelefone verkauft – was auch zeigt, wie sehr die Endkunden gewillt sind, in neueste Technologie zu investieren und persönlich ganz vorne mit dabei zu sein. Dass dies nicht unbedingt auf Technikverliebtheit, sondern eher auf Statusbewusstsein zurückgeht, ist hierbei zweitrangig. Fakt ist, dass sich mehr als ein Drittel der Mobilfunknutzer 2014 ein neues Endgerät angeschafft haben.

Dabei hat China den Markt für mobiles Internet durch protektionistische Maßnahmen gut geschützt: Sowohl auf der Seite der Netzanbieter als auch im Bereich der Cloud-Services ist es ausländischen Unternehmen nicht erlaubt, auf dem Markt als unabhängiger Anbieter zu agieren. Auch bei den Chat-, Blog- und Social-Media-Angeboten setzt man in China auf wenige, lokale Anbieter und hat die US-Konzerne wie Google oder Facebook über die Internetfirewall vom Markt praktisch ausgeschlossen. Dies hat es chinesischen Konzernen wie Sina-Weibo, Alibaba oder Tencent nicht nur erlaubt, eine marktbeherrschende Stellung einzunehmen, sondern auch den Konsumenten andere, vielfältigere Dienste anzubieten, anstatt Facebook, Twitter & Co. einfach nur zu kopieren.

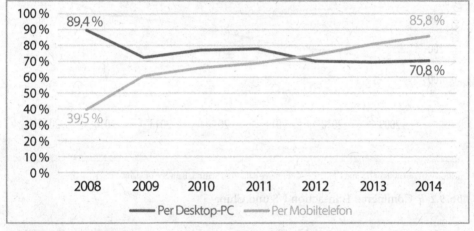

Quelle: CNNIC Survey Report 2009-2015

Abb. 9.1 China – Mobile Internet Access vs. PC Internet Access

Die enormen Wachstumsraten der Internetunternehmen sprechen eine eindeutige Sprache, und seit Alibaba im Jahr 2014 den bis dahin größten Börsengang aller Zeiten in New York erfolgreich hinlegte, ist das auch ins Bewusstsein der westlichen Welt gerückt. Die Umsätze von Alibaba und Tencent sind in der Vergangenheit rasant angestiegen und das Wachstum ist ungebrochen. China ist schon seit einiger Zeit der größte E-Commerce-Markt der Welt.

Die faktische Abschottung des chinesischen Marktes für Internet- und Cloud-Dienstleistungen war vordergründig sehr hilfreich für die chinesischen Unternehmen. Ungestört vom ausländischen Wettbewerb konnten Lösungen und Innovationen entstehen, die in ihrer Art sicherlich weltweit führend sind.

9.3   B2B

Der B2B-Markt in China hat 2015 die schon fast unvorstellbare Größe von 1,3 Billionen US-Dollar erreicht, es fallen drei Viertel des gesamten E-Commerce-Umsatzes (also der Güter, die über E-Commerce vertrieben oder verteilt werden) in diesen Bereich (vgl. ⊚ Abb. 9.2).

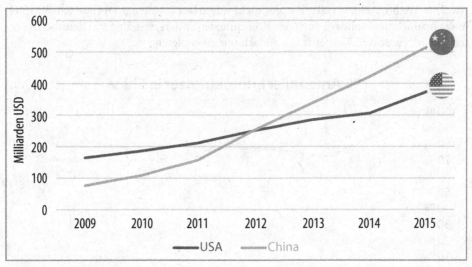

Wert der E-Commerce-Transaktionen in den USA und China 2009-2015

Quelle: KPMG analysis of US and Chinese E-Commerce data from Statista, Bain & Company

Abb. 9.2 E-Commerce Transaction US und China

Fazit: Im Gegensatz zu Europa hat China es geschafft, eigene Suchmaschinen, Social-Media-Dienste und führende E-Commerce-Anbieter zu etablieren – wenn auch dank staatlicher Protektion. Inwieweit dieser Erfolg nachhaltig ist, wird einerseits im globalen Konkurrenzkampf (z. B. WeChat gegen Facebook und Instagram) entschieden, andererseits in der kontinuierlichen Weiterentwicklung und Öffnung dieser Produkte für die globale Entwickler-Community. Zu einem digitalen Frontrunner gehören idealerweise Markterfolg und eine überlegene Technik – im globalen Kontext muss China das noch beweisen.

9.4   Industrielle Trends in der Digitalisierung

9.4.1   Industrielle Nutzung von Informationstechnologie – Baseline

Auf der Seite der industriellen Nutzung von Informationstechnologie ist China noch nicht die Nummer eins – viele Unternehmen nutzen zwar ERP-Systeme (Enterprise Ressource Planning) und einen hohen Grad der Automation, aber schaut man in die Geschäftsberichte der großen multinationalen Software- und Hardwareausrüster, so dominieren immer noch die Märkte in Europa und den USA. Und dennoch: China hat sich bei praktisch allen globalen IT-Unternehmen in die Top Five vorgeschoben, und es ist sicherlich nur eine Frage der Zeit, wann China auch in diesem Bereich der größte Abnehmer sein wird.

Trotzdem – wie eingangs bemerkt – verschaffen die pure Nutzung und Größe zwar enorme Skalenvorteile, aber versetzen China nicht unbedingt in die Lage, wirklich Trends zu setzen. So nennt Deloittes „2013 Global Manufacturing Competitiveness Index Report" für Deutschland einen Index von 9,47, für die USA von 8,94 und für Japan von 8,14, während China mit 5,89 weit abgeschlagen ist. Zu lange hat China sich als „Werkbank der Welt" auf den Skalen- und Lohnvorteilen ausgeruht und sich auf Technologietransfer verlassen. Dies hat dazu geführt, dass die Wettbewerbsfähigkeit langsam erodiert ist und vor allem die Notwendigkeit zu konstanter Innovation im Produktionsprozess in der Breite nicht ernst genug genommen wurde.

Nun hat eine über Jahre stärker werdende Währung im Zusammenspiel mit deutlichen Lohnsteigerungen dazu geführt, dass China bei den Lohnstückkosten gegenüber vielen anderen asiatischen Ländern ins Hintertreffen geraten ist. Und auch der (teilweise politisch) motivierte Trend in den USA, die Produktion zurück ins Heimatland zu holen, hat dazu beigetragen, dieses Manko sehr stark ins unternehmerische Bewusstsein zu rücken. Apples Entscheidung, im Jahre 2012 die Produktion seiner Mac-Computer von China in die USA zurückzuholen, hat weltweit Schlagzeilen gemacht.

China hat das selbstverständlich erkannt und versucht, mit geeigneter Politik und Programmen gegenzusteuern.

9.4.2   Regierungsprogramme in China zur Erreichung der digitalen Marktführerschaft

China hat die Bedeutung der Digitalisierung in der Industrie wie auch für die Bevölkerung erkannt und versucht in vielfältiger Weise, lokal wie international eine führende Rolle einzunehmen.

Der Ausbau der mobilen Netze wurde in den vergangenen Jahren konsequent vorangetrieben, sodass China heute nicht nur über die mit Abstand meisten mobilen Internetnutzer der Welt verfügt, sondern auch das erste Land ist, in dem die mobile Internetnutzung die Nutzung vom PC aus überstieg. Gleichzeitig hat die Regierung die Bevölkerung ausdrücklich ermuntert, das Internet stärker zu nutzen, und bietet auch selbst viele Services über Apps an.

Dies hat im privaten Leben zu umwälzenden Veränderungen geführt: Ohne entsprechende „Taxi-App" ist es in einigen Städten inzwischen sehr schwierig geworden, ein Taxi zu bekommen – so sehr haben sich Nutzer und Unternehmen an die Nutzung dieser Apps gewöhnt. Es dürfte auch kaum einen jüngeren Chinesen geben, der noch nicht auf Taobao oder T-Mall eingekauft hat – dem weltgrößten Marktplatz für praktisch alles, was auf der Welt produziert wird. A.T. Kearney zufolge betrug das Volumen des Online-Shopping (B2C) im Jahr 2014 knapp 400 Milliarden US-Dollar und wird bis 2017 weiter um 25 Prozent pro Jahr steigen. Die meisten Kunden im B2C-Segment sind zwischen 18 und 35 Jahre alt – insgesamt kaufen etwa 300 Millionen Chinesen regelmäßig online ein. China ist also der größte Online-Retail-Markt der Welt, aktuell schon doppelt so groß wie der in den USA.

Regierungsseitig wird dies durch das MIIT (Ministry for Industry and Information Technology) stark unterstützt, während gleichzeitig das Ministerium für Cybersecurity ein wachsames Auge darüber hat, was im Internet eigentlich sonst noch so passiert.

Immerhin – beim mobilen Zahlen (WeChat Payment Wallet, Alipay) haben Unternehmen in China schon früh Neuland beschritten, und in der Tat waren viele Business-Prozesse für den Endkunden in China schon früher digitalisiert als in den USA oder in Deutschland. Die Regierung in Beijing versucht also den Spagat zwischen starker Nutzung des Internets und ausdrücklich auch sozialer Medien sowie E-Commerce-Anwendungen und einer ebenso starken Kontrolle der Inhalte.

Einerseits werden gerade soziale Medien von den Regierungsstellen und Parteifunktionären genutzt, um mit der Bevölkerung effektiv zu kommunizieren. Andererseits hört man auch gerne einfach zu, um wichtige Trends (z. B. lokale Unzufriedenheit über Missstände) früh zu erfahren und entsprechend gegensteuern zu können.

Gleichzeitig gibt es auch eine Internetzensur, die zur Aufgabe hat, das Netz von schädlichen Einflüssen freizuhalten – was natürlich ein sehr weites Spektrum darstellt. Alles, was in China an „Content" ins Netz geht, bedarf einer Genehmigung oder muss sich zumindest innerhalb eines fest abgesteckten Rahmens bewegen. Diese Regelungen, die auch explizit veröffentlicht und bekannt sind, verlangsamen teilweise die Prozesse – gerade wenn es um den Austausch von Informationen geht oder um die breite Streuung von Wissen.

Im industriellen Bereich der Digitalisierung dreht sich seit 2014 alles um die beiden großen Regierungsprogramme „*Made in China 2025*" und „*Internet +*".

Internet+ widmet sich ausdrücklich dem Thema, dass sich das Internet (und die gesamte IT) aus dem klassischen Bild von Hard- und Software weiterentwickeln muss zu einem Dreiklang aus Hardware, Software und Daten. Dabei geht es um die konsequente Integration von Cloud Computing, Big Data, Internet of Things und mobilem Internet. Das hört sich erst einmal nicht weiter spektakulär an, denn die „Mobile Big Data Cloud" ist ja inzwischen auf den Firmenpräsentationen fast aller Unternehmen zu lesen.

Was China hier ganz sicher besser macht als viele andere Länder, ist der ganzheitliche Ansatz, der versucht, die diversen Trends und Wechselwirkungen zu erfassen und gleichzeitig für die Industrie (und ausdrücklich auch für die Finanzindustrie) nutzbar zu machen. Dies wird dann in verschiedene Programme umgesetzt, die beispielsweise der Finanzierung von 100 Pilotprojekten dienen. Oder die neue Freihandelszone in Shanghai soll neue Möglichkeiten des Cloud Computing erlauben, ohne die Einschränkungen, die im Rest von China gelten.

Klares Ziel ist es, innerhalb von fünf Jahren eine weltweit führende Stellung bei der Nutzung von IT sowie der Digitalisierung in der Industrie und im täglichen Leben zu erreichen. Dazu passt die Prognose von Gartner. So erwartet Gartner, dass die Größe des gesamten öffentlichen Cloud-Marktes bis zum Jahre 2018 bei 20,7 Milliarden US-Dollar liegt, ausgehend von 5,3 Milliarden US-Dollar im Jahre 2013 und mit einer akkumulierten jährlichen Zuwachsrate (CAGR) von 31,5 Prozent (vgl. Gartner 2014).

Made in China 2025 ist ein Programm, das erstaunlicherweise außerhalb der üblichen 5-Jahres-Pläne entworfen und publiziert wurde, was die Wichtigkeit dieser Initiative für die Regierung unterstreicht. Im Kern geht es um ein „Upgrade" der chinesischen Industrie in das neue Zeitalter. Zunächst ist das etwas breiter gefasst – denn es geht um einen generellen Ansatz, die Qualität chinesischer Produkte zu steigern und die Effizienz des Produktionsprozesses zu erhöhen. Da sich viele Unternehmen (aufgrund der lange Zeit sehr niedrigen Löhne) noch am Anfang der Automatisierung befinden (also beim Übergang von Industrie 2.0 zu Industrie 3.0), spielt die Digitalisierung in vielen Szenarien zwar eine tragende, aber nicht die einzige Rolle (vgl. ◉ Abb. 9.3). Die Prinzipien dieses Programms lauten „Qualität statt Quantität", ökologisch verträgliche Industrieentwicklung, Optimierung der Industriestruktur und Entwicklung von Talenten.

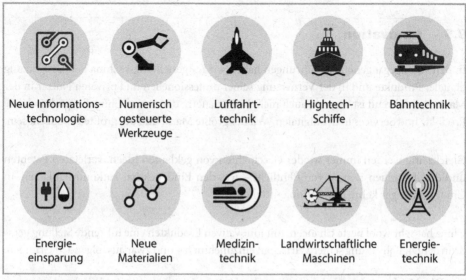

Quelle: People's Daily Online

Abb. 9.3 10 Key Sectors „Made in China 2025"

Es geht auch nicht nur um die effizientere Steuerung der Produktion oder um die Einführung von „Cyber Physical Systems", wie sie im Industrie-4.0-Whitepaper der Acatech genannt werden. Ziel ist ebenso die tiefere Vernetzung der chinesischen Produktion in globale Wertschöpfungsketten und dadurch natürlich auch eine Erhöhung des Wertschöpfungsanteils. Der liegt in vielen Fabriken der Firma FoxConn, die das iPhone in China produziert, bei 1,9 Prozent – der überwiegende Teil der Wertschöpfung (und auch des Profits) verbleibt bei anderen Unternehmen und natürlich bei Apple.

Hier bieten sich für chinesische Produzenten enorme Chancen, wenn es gelingt, die heimische Produktion mit den Abnehmern (und gegebenenfalls den Endkunden) besser zu vernetzen.

Daher wird der ganzheitliche Ansatz von „Made in China 2025" ganz sicher dazu beitragen, die Grundlagen für eine Reform der chinesischen Industrie zu schaffen.

Fazit: Während China im internationalen Vergleich der Wettbewerbsfähigkeit seiner Industrie noch deutlich hinterherhinkt, unternimmt es regierungsseitig enorme Anstrengungen, die Industrie zu modernisieren. Dies hat bereits zu deutlichen Produktivitätsfortschritten geführt und soll im nächsten Schritt zu hohen Qualitätssprüngen verhelfen. Man wird dabei kritisch beobachten müssen, inwieweit die Mittel dafür richtig allokiert werden und der Industrie die Umsteuerung wirklich gelingt. Trotz einiger Modellfabriken ausländischer Produzenten wie Bosch in Suzhou und Siemens in Chengdu ist China noch am Anfang dieser Transformation in der Breite. Allerdings wird der wirtschaftliche Druck, gepaart mit dem festen Willen der Regierung und den verfügbaren Mitteln, China beste Chancen eröffnen, seine Größenvorteile zu nutzen und Industrie 4.0 Realität werden zu lassen.

9.5 Innovation

In den vorangegangenen Ausführungen haben wir festgestellt, dass China bei der Nutzung digitaler Produkte und in der Vernetzung seiner professionellen und privaten Nutzer in der Masse weit führend ist. Es wird auch nicht lange dauern, dann wird China für praktisch alle Produkte und Services in der digitalen Welt der größte Markt und der größte Produzent sein.

Gleichzeitig werden immer wieder Geschichten von geklauten Ideen, verletzten Patenten und detailgetreuen Kopien veröffentlicht – was den Eindruck hat aufkommen lassen, in China könne gar keine Innovation entstehen.

China hat sehr wohl beste Chancen, mit innovativen Produkten eine führende Stellung gerade in der Digitalisierung seiner Wirtschaft einzunehmen – und zwar aus folgenden Gründen:

1. **Die Marktmacht wird immer mehr Unternehmen zwingen, Wissen preiszugeben** (Technologietransfer), und chinesische Firmen werden sehr schnell aufholen.

Es ist kein Geheimnis: Wer langfristig in China erfolgreich sein will, muss auch bereit sein, Wissen zu teilen. Die chinesische Regierung macht keinen Hehl daraus, dass sie bei strategischen Industrien (wie z. B. Flugzeugbau, Eisenbahnen, IT) entschlossen ist, Marktzugang nur unter der Bedingung einzuräumen, dass die entsprechenden Produkte auch in China produziert werden oder zumindest ein Teil der Wertschöpfung in China stattfindet. Die meisten Unternehmen gehen letztlich darauf ein, einfach weil China ein zu wichtiger Markt ist, um ignoriert zu werden. Auch in der Digitalisierung wird das nicht anders sein – dort muss dann gegebenenfalls Source Code geöffnet werden (z. B. wegen Sicherheitsbedenken) oder bestimmte Leistungen (gerade in der Vernetzung, Cloud Computing) können nur mit einem chinesischen JV-Partner angeboten werden.

Letztlich wird so immer viel Wissen abfließen. Und auch wenn es Unternehmen verstehen, immer schneller neue Produkte zu entwerfen, so wird eben doch der chinesische Partner mitgeschult, chinesische Mitarbeiter eignen sich Kenntnisse an und auch Hochschulen werden Inhalte übernehmen. Die Grundlagen für die Entwicklung eigener Technologien werden so gelegt (siehe Eisenbahnbau oder Solartechnologie).

2. **Der Schutz von Patenten und Wissen** wird heute in China viel ernster genommen als im vergangenen Jahrzehnt. Längst hat die chinesische Regierung erkannt, dass es sich lohnt, intellektuelles Eigentum zu schützen. Lange Jahre war der Schutz geistigen Eigentums nach der Öffnung der VRC ein völlig untergeordnetes Ziel, widersprach er doch den grundsätzlichen Ideen im Sozialismus, dass es sowieso nur sehr eingeschränkt Eigentum geben kann. Warum also ausgerechnet Eigentum an geistigen Ideen schützen?

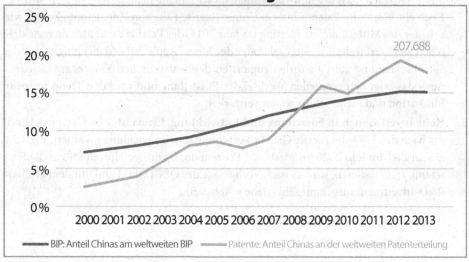

Quelle: Patents Share 2014

Abb. 9.4 Chinas Innovationskapazität

Letztlich hat aber vielfacher Druck ausländischer Partner und dann auch chinesischer Unternehmen dazu geführt, dass hier ein Umdenken eingesetzt hat. Es wurde erkannt, dass Patente sich hervorragend kommerzialisieren lassen und dass es der Globalisierung Chinas im Wege steht, wenn es seine eigenen Produkte nicht effektiv auf den Weltmärkten und im eigenen Land schützen kann. Die „Intellectual Property"-Beratung Wurzer und Kollegen bringt es treffend auf den Punkt, und auch Geschäftsführer Prof. Dr. Alexander Wurzer sieht in den Entwicklungen klare Signale für das Eintreten Chinas in eine völlig neue Phase im Umgang mit geistigem Eigentum: „Chinas Verhältnis zu Intellectual Property in Phase 1 war zunächst gekennzeichnet durch eine intensive Plagiats- und Kopiertätigkeit chinesischer Unternehmen. Dann ging es in Phase 2 über in den beständigen Zukauf ausländischer Technologien und Lizenzen, der es den ehemaligen Kopisten und Plagiatoren zunehmend ermöglichte, sich als legale und innovative Wettbewerber zu positionieren. Die Studie dokumentiert das Eintreten Chinas in eine dritte Phase: Den systematischen Aufbau eines internationalen Patentbestands auf Basis eigener Innovationen, der durch das Wahrnehmen von Verbotsrechten, Unterlassungsklagen, oder durch Forderung von Schadensersatz- und Lizenzzahlungen gezielt gegen Wettbewerber eingesetzt werden kann."

Chinesische Unternehmen (und gerade in der Informationstechnologie gibt es davon sehr viele) verstehen es also sehr gut, sich zu schützen und eigene Patente erfolgreich zu verwerten. Und damit haben eigene Forschung und Entwicklung sowie die eigenen Innovationen einen ganz anderen Stellenwert bekommen. Die steigenden Zahlen von Patentanmeldungen (mittlerweile werden in China deutlich mehr Patente angemeldet als in den USA) zeigen ebenfalls in diese Richtung (vgl. ◉ Abb. 9.4). Im Juli 2015 berichtete die Wirtschaftswoche, dass China im Bereich der Basistechnologien für IoT (Internet of Things) mit 2.500 Patenten seit 2013 fast doppelt so viele Patente angemeldet hat wie die USA und sechs Mal so viele wie Deutschland. Man muss allerdings festhalten, dass die Innovationstiefe dieser Patente nicht immer vergleichbar ist. Noch ein Wort zum Patentschutz in China: Jüngste Fälle von Patentstreitigkeiten, wie z. B. der des Mittelständlers Herting im Jahr 2015, der Patente an bestimmten elektrischen Steckverbindern verletzt sah, oder der Firma Apple 2014 (dabei ging es um die Spracherkennung „Siri") wurden zugunsten des ausländischen Klägers entschieden. Auch das zeigt den generellen Wechsel der Einstellung und wird den Trend zu mehr Innovation und mehr Schutz weiter verstärken.

3.   **Hohe Investitionen in Forschung und Entwicklung.** China ist schon jetzt das Land, das nach den USA das meiste Geld in Forschung und Entwicklung investiert. Erreicht es sein Ziel, im Jahr 2020 mindestens 3 Prozent des Bruttosozialproduktes in die Forschung zu investieren, wird es nach Vorhersage der OECD das Land mit dem größten R&D-Investment insgesamt sein (siehe ◉ Abb. 9.5).

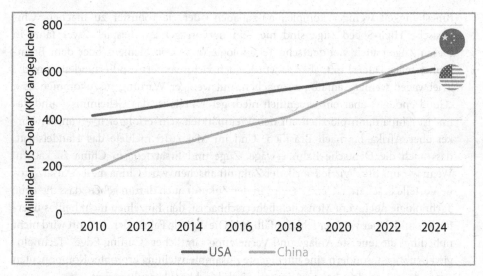

Quelle:: R&D Global Funding Forcast from Battelle 2014

Abb. 9.5 China vs. USA: Ausblick Forschungs- & Entwicklungsausgaben

Viele Jahre lang lag der Fokus Chinas auf der Erstellung von Infrastruktur und Produktionskapazität. Dieses Rezept wird nicht mehr ausreichen, um weiterhin ein gesundes Wirtschaftswachstum zu garantieren. Daher hat auf allen politischen Ebenen ein Umdenken eingesetzt, und es fließt viel mehr Geld als in der Vergangenheit in die Forschung (ca. 300 Milliarden US-Dollar im Jahr 2014). Insbesondere die Digitalisierung der Industrie ist dabei seit 2014 in den Mittelpunkt gerückt. Es ist zu erwarten, dass China enorme Anstrengungen unternehmen wird, seine Hochschulen und Forschungseinrichtungen mit ausreichenden Geldmitteln auszustatten, um internationale Experten anzuziehen und die technische Ausstattung auf den neuesten Stand zu bringen.

4. **Konsequente Weiterentwicklung in Robustheit, Vereinfachung und Prozesse.** Oft wird davon gesprochen, warum es kein in China erfundenes iPhone gibt, warum der PC in den USA erfunden wurde und der mp3-Standard in Deutschland. Letztlich ist das eine extreme Verkürzung des gesamten Bildes, indem hier nur ein kleiner Ausschnitt an Innovationen (vornehmlich denen, die auf dem Consumer-Markt erfolgreich sind) und auch nur ein sehr kleiner Zeitraum (die letzten 20 Jahre) betrachtet werden. Würde man den Zeitraum erweitern auf – sagen wir mal – 3.000 Jahre, dann hat es in China schon immer bahnbrechende Innovationen gegeben. Aber auch wenn wir nur die letzte Dekade ansehen, so sehen wir vielleicht nicht den einen Artikel, den jeder Mensch auf der Welt nutzt, aber trotzdem würden wir kein Mobiltelefon oder Tablet in der Hand halten (oder zumindest nicht für ein paar Hundert Euro), würden nicht in chinesischen Fabriken diese Geräte in hochinnovativen Prozessen erstellt. Und diese Prozesse, Tools und Qualitätssicherungssysteme sind durch eine Vielzahl von Patenten geschützt. Vielfach werden auch Produkte weiterentwickelt, um sie an den chinesischen Markt anzupassen – oft geht es dann darum, die Produkte ohne Verlust der Leis-

tungsfähigkeit weniger komplex aufzubauen oder sie robuster zu machen. Chinesische High-Speed-Züge sind hier ein hervorragendes Beispiel. Zwar fährt in diesen Zügen auch viel deutsche Technologie (z. B. von Siemens oder dem Bremsenhersteller Duerr) mit, aber es wurde auch viel investiert (und erfunden), um die Triebwagen weniger anfällig zu machen, mit weniger Wartung auszukommen usw. „Good enough", aber ein wesentlich niedrigerer Preis ist das Geheimnis – und damit ist China dann plötzlich auf den Weltmärkten sehr erfolgreich – von der Türkei über Afrika bis nach Brasilien. Und im Mai 2015 meldete das Handelsblatt, dass auch die Deutsche Bahn erwäge, Züge und Ersatzteile in China zu kaufen. Wenn wir uns die digitale Fabrik der Zukunft ansehen, wird China dieser Ansatz große Vorteile bescheren. Denn es wird in der Zukunft auch darum gehen, dass die neue Technologie noch vom Menschen beherrschbar ist, den Einzelnen nicht heillos überfordert und daher weniger fehleranfällig ist. Die digitale Fabrik der Zukunft wird nicht unbedingt die teuerste Anlage und Vernetzung sämtlicher „Cutting Edge"-Technologien benötigen, sondern eine intelligente Zusammenstellung erprobter Komponenten – und dabei trotzdem nahe an das technisch Machbare herankommen.

5. **Klarer Fokus der Regierung und Bündelung der Player.** Die sehr relevanten Regierungsprogramme „Internet+" und „Made in China 2025" wurden bereits erläutert. Gleichzeitig hat China aber auch eine Reihe sehr fokussierter Programme aufgesetzt, um die Digitalisierung der Wirtschaft voranzutreiben. Nun mag man über die Effektivität solcher Programme streiten, und es wird (wie eigentlich in allen Regierungsprogrammen) viele Fehlallokationen geben. Aber trotzdem erzeugen diese Programme vor allem eines: Fokus.

    Alle Teilnehmer am politischen und wirtschaftlichen Geschehen in China werden hinter dem Ziel vereint, das Internet kommerziell besser zu nutzen und gleichzeitig die Industrie zu modernisieren. Dies sind ja letztlich zwei sich ergänzende Ziele, die viele Möglichkeiten zur Zusammenarbeit bieten. Chinesische Unternehmen werden (mit sanftem Druck von „oben") diese Möglichkeiten nutzen und vor allem im Windschatten der eigenen Regierung sehr viele internationale Partner mit ins Boot zu nehmen versuchen. Dies kann in Form von Kooperationsvereinbarungen mit wenigen Teilnehmern geschehen. Gleichzeitig treten chinesische IT-Unternehmen auch den großen Industrievereinigungen auf der ganzen Welt bei – so z. B. auch die Firma Huawei der von US-Unternehmen gegründeten Industrial Internet Alliance. Dies wird zu einem weiteren Transfer von Wissen führen – sei es über Standards, Sicherheitskonzepte und viele andere Grundlagen. Basierend darauf wird China seine eigene Version von vernetzter Industrie 4.0 entwickeln (so wie es das ja bereits sehr erfolgreich im B2C-Segment getan hat) und dank der enormen Schnelligkeit der Unternehmen versuchen, neue Technologien durch Exporte zum allgemeingültigen Standard aufzuwerten. Dass dies so kommen wird, kann man heute schon erkennen: Heute wird in jedem Geschäft in Düsseldorf oder Frankfurt die chinesische „Unionpay"-Karte akzeptiert. Viele deutsche Online-Shops lassen den Zahlungskanal Alipay zu. Wir können also davon ausgehen, dass es auch im Bereich der vernetzten Roboter, Anlagen und Kunden so sein wird – vielleicht nicht als einziger Standard (das werden die USA sicher zu verhindern wissen), aber doch als ein Alternativstandard.

6. **Talente (lokale, internationale).** Ohne geeignete Fachkräfte, Experten und auch (einige) Visionäre kann es keinen nachhaltigen Fortschritt geben. Das Silicon Valley ist ein perfektes Beispiel dafür, wie aus einer Mischung exzellenter Universitäten, Zuzug aus dem In- und Ausland und Kapital ein einmaliges High-Tech-Ökosystem geschaffen wurde. China investiert enorm in die universitäre Ausbildung – dennoch kann es den Bedarf an Fachkräften kaum decken. Jenseits der Top-20-Universitäten ist die Ausbildung auch deutlich weniger intensiv und „State-of-the-Art". Außerdem ist es noch immer ein Problem, dass zu viel auswendig gelernt und repetiert wird und zu wenig kreatives Denken gefördert wird. Andererseits profitiert China von seiner zunehmenden Attraktivität des Arbeitsmarktes, gerade in den Hightech-Clustern. Dies zieht sehr viele chinesische Topleute zurück nach China. Auch ausländische Experten kommen zwischenzeitlich gerne in die Metropolen – denn die Lebensqualität hat deutlich zugenommen. Und die lokalen Gehälter für Spitzenkräfte liegen inzwischen deutlich über denen, die in Deutschland gezahlt werden.

Für eine durchgreifende Digitalisierung wird es nicht so sehr an Softwareentwicklern und IT-Experten fehlen, sondern am Ende eher an Facharbeitern, die all das umsetzen, was da vorgedacht wird. Hier tut sich eine enorme Lücke auf, die wahrscheinlich nicht so schnell geschlossen werden kann, wie der Bedarf entsteht.

Gleichzeitig ist aber auch zu beobachten, wie der mangelnde Austausch von Ideen, Konzepten und neuen Lösungen in internationalen Foren oder Blogs dazu führt, dass die Nutzer und Programmierer in China von wichtigen Wissensquellen abgeschnitten sind. Langfristig wird auch das zu Nachteilen führen, weil China sich dank der Internet-Firewall sozusagen selbst einigelt und (ähnlich wie nach dem Bau der Großen Mauer) die Studenten oder Experten nicht mehr alles mitbekommen werden, was draußen so passiert.

Dies ist vielleicht eines der größten Probleme im Bemühen Chinas, in der Digitalisierung der Industrie und Wirtschaft ganz vorne mitzuspielen: Offenheit und freier Austausch neuer Ideen zu interessanten Technologien, gemeinsames Entwickeln über Grenzen hinweg an gemeinsamen Softwareprojekten – all das wird notwendig sein, um als globaler, digitaler Frontrunner wahrgenommen zu werden und nicht als smarter „Nerd" hinter einer Mauer.

9.6 Zusammenfassung

Ist China nun ein digitaler Frontrunner? Wenn wir die Kriterien in der Einführung anlegen, stellen wir Folgendes fest:

Es kann kaum einen Zweifel an der Zahl und Technikaffinität der chinesischen Kunden geben: Derzeit ist China in wichtigen Bereichen des Internets (B2B, E-Commerce usw.) der größte Markt der Welt. Wir können auch davon ausgehen, dass das Gleiche auch sehr bald für das gesamte Feld des „Internets der Dinge" gelten wird (IoT). Basierend auf dieser

Position der Stärke wird es einen großen Bedarf an Technologie und Know-how geben, der teilweise durch Transfer von ausländischen Technologieführern gedeckt werden und zunehmend auch in China selbst entwickelt wird. Gleichzeitig werden chinesische Kunden immer mehr innovative Weiterentwicklungen erwarten und auch nutzen.

Auch beim Ökosystem macht China enorme Fortschritte: Universitäten, Unternehmen und staatliche Forschungseinrichtungen ziehen immer häufiger an einem Strang und befruchten sich gegenseitig. Zugleich gibt es eine immer höhere Zahl von Start-ups, teilweise auch mit internationalen Co-Foundern, die die Szene beleben. Das Ökosystem hat inzwischen alles, was es braucht.

Bei Regierungsprogrammen und Förderung von Innovation sind wahre Quantensprünge zu beobachten. Hier liegt sicherlich großes Potenzial, wenn Mittel richtig verwendet werden und der Schutz geistigen Eigentums parallel dazu verstärkt wird. Ansätze gehen in die richtige Richtung.

Etwas kritischer muss man die Innovationskraft der Unternehmen im Allgemeinen sehen: Es gibt zwar in China innovative „Hot Spots", wie Beijing, Shanghai/Nanjing, Xi'an oder auch Guangzhou/Shenzhen. Echte Cluster sind aber nicht zu erkennen, vor allem nicht gemessen an der Größe dieser Wirtschaftsräume. Es sind in der Masse zwar viele Patente und viele Unternehmen, aber gemessen an der Zahl der Studenten, Einrichtungen oder Unternehmen wäre ein vergleichsweise kleines Land wie Israel weitaus innovativer. In der Breite sind gerade kleinere und mittlere Unternehmen noch weit zurück.

Letztlich die Community, Talente und der Austausch von Ideen: Hier liegen bei der Digitalisierung die größten Herausforderungen. China wird kaum in der Lage sein, die enormen Herausforderungen bei der Ausbildung von Hochqualifizierten und Facharbeitern zu stemmen, die für eine umfassende Reform des Industriesektors notwendig sind. Gleichzeitig ist die Abschottung des Internets im heutigen Zeitalter (wo Studenten einen großen Teil ihres aktuellen Wissens aus dem World Wide Web beziehen) sehr kontraproduktiv. Denn die Filter, die das chinesische Internet „schützen", sind eher grob gestrickt und halten viel Sinnvolles fern. Auch die Geschwindigkeitsverluste sind enorm und machen einen schnellen Datenaustausch im globalen Verbund von Unternehmen fast unmöglich.

Hier sind eine ganze Menge Hausaufgaben zu machen, und wir dürfen gespannt sein auf die Lösungen, die in China dazu entwickelt werden.

Industrie 4.0 ist die Chance für die chinesische Industrie, einen Quantensprung zu machen in ihrer Modernisierung und ein ganzes „Industriezeitalter" zu überspringen. Wenn das gelingt (flankiert durch Regierungsprogramme, massive Investitionen, verstärke Ausbildung und Zuzug hoch qualifizierter Experten), wird China im Bereich der Digitalisierung zum Weltmarkt- und Innovationsführer heranreifen.

Für ausländische Unternehmen bedeutet das aber, jetzt bereits dabei zu sein und an den Trends, die heute schon in China gesetzt werden, zu partizipieren. Nur wer sich heute schon dem Wettbewerb in China stellt und dort auch Kooperationen eingeht, kennt seinen Wettbewerber auf den globalen Märkten von morgen.

Literatur

10 Key Sectors „Made in China 2025", http://en.people.cn/n/2015/0930/c90000-8957295. html, zugegriffen am 05.10.2015.

2014 R&D Global Funding Forecast from Battelle, http://battelle.org/media/global-r-d-funding-forecast, zugegriffen am 05.10.2015.

Acatech (2013): Umsetzungsempfehlungen für das Zukunftsprojekt Industrie 4.0.

Acatech (2014): Smart Service Welt.

Alibaba's Prospectus, http://hsprod.investis.com/shared/v2/irwizard/sec_index_global. jsp?ipage=10351468&ir_epic_id=alibaba, zugegriffen am 05.10.2015.

Chan, Jenny; Ngai Pun; Mark Selden (2013). „The politics of global production: Apple, Foxconn and China's new working class". New Technology, Work and Employment 28 (2): 104–105.

Gartner (2014). Report „Emerging Market Analysis: China, Nexus of Forces Trends and Opportunities".

KPMG analysis of US and Chinese e-commerce data from Statista, Bain & Company, http://www.kpmg.com/CN/en/IssuesAndInsights/ArticlesPublications/Newsletters/ China-360/Documents/China-360-Issue15-201401-E-commerce-in-China.pdf, zugegriffen am 05.10.2015.

KMPG (2014): E-Commerce in China: Driving a new consumer culture. http://www. kpmg.com/CN/en/IssuesAndInsights/ArticlesPublications/Newsletters/China-360/ Documents/China-360-Issue15-201401-E-commerce-in-China.pdf. Zugegriffen: 24.09.2015.

Patents Share: World Intellectual Property Organization, IP Statistics Data Center, March 2015; GDP Share: International Monetary Fund, World Economic Outlook Database, 2014).

Wurzer, Alexander (2013): Drei Phasen: China auf dem Weg zur Innovationsschmiede. http:// www.bvmw.de/landesverband-hessen/kreisgeschaeftsstellen/darmstadt-darmstadt-dieburg/news-detailseite/artikel/chinas-patentstrategie-bedroht-deutschen-mittel-stand.html?L=0.

Autor

Clas Neumann ist bei SAP Senior Vice President, Head of Global SAP Labs Network sowie Head of Fast Growth Market Strategy Group. Seit Oktober 2013 leitet er als Head of Fast Growth Markets die Koordinierung von Investitionen und der unternehmensweiten Strategie zur Entwicklung des SAP-Geschäfts in Regionen mit schnellem Wachstumspotenzial. Als Mitglied des SAP Senior Executive Teams kann Neumann auf eine 20-jährige Laufbahn bei SAP zurückblicken. 14 Jahre davon war er in Indien und China tätig, wo er den Einstieg von SAP in den chinesischen Markt entscheidend beeinflusste. Seit 2009 leitet Neumann zudem das Global SAP Labs Network. Zuvor fungierte er als President von SAP Labs India und war als SVP für die Softwareentwicklung mit technischen Teams in China, Deutschland und Indien verantwortlich. Er verantwortete die Errichtung des F&E-Zentrums von SAP in Bangalore und entwickelte es auf die heutige Stärke mit 4.000 Ingenieuren weiter. Neumann ist Sprecher der Asia Pacific Association of German Industries, Vorstandsmitglied der East Asian Association und Mitglied des deutsch-indischen Beratergremiums des indischen Premierministers und der deutschen Kanzlerin. Er ist Koautor diverser Bücher. Er lebt mit seiner Frau und seinen drei Kindern in Shanghai, China.

Harmonisierung und Standardisierung durch die Cloud

10

Klaus Hardy Mühleck

In jedem Konzern und jedem mittelständischen Unternehmen ragen sie aus der Flut der Daten: IT-Inseln. So sonnig das zunächst klingen mag, so viel Schatten werfen sie jedoch auf die Flexibilität eines Unternehmens. Denn im dynamischen Zeitalter der Digitalisierung scheitert jede effektive Administration an den IT-Inseln. Realität sind häufig lokale Datenbanken – jede für sich seit Jahren gewachsen, inzwischen bestehend aus schichtweisen Ablagerungen eines Vierteljahrhunderts IT-Geschichte. Und solche IT-Landschaften sind kaum effizient zu administrieren, ihre Komplexität macht Prozesse ineffizient und intransparent und kostet IT-Mitarbeiter wie CEOs gleichermaßen wertvolle Energie. Das beginnt schon im Tagesgeschäft: Bereits vorhandene Daten werden mehrfach erfasst, was nicht sinnvoll ist; relevante Informationen werden in Entwicklungen nicht einbezogen, da nicht bekannt ist, dass es sie gibt – oder wo sie abgerufen werden können. Ergo: Während Unternehmen zusammenwachsen, bleibt die IT an ihren verschiedenen Standorten weiter fragmentiert. Das war auch bei ThyssenKrupp der Fall – und sollte sich ändern. Denn insbesondere international tätige Unternehmen benötigen Agilität, Flexibilität, globale Kommunikation und Zusammenarbeit, um sich Wettbewerbsvorteile zu erarbeiten. Ziel von ThyssenKrupp ist daher unter anderem eine weltweite Konsolidierung und Harmonisierung der bestehenden IT-Landschaft.

10.1 Flexible IT mit der Cloud

Um verfestigte Strukturen aufzubrechen, braucht es – neben einem konsolidierten Enterprise Resource Planning (ERP)-Backbone – eine übergreifende Lösung: die Cloud. Sie schafft eine gemeinsame Plattform und bietet die Chance, die hauseigene IT zu entlasten. Mit dem richtigen IT-Partner lässt sich zudem die globale Verfügbarkeit absichern und die Flexibilität steigern. So kann sich das Unternehmen auf seine Kerngeschäfte konzentrieren: Engineering, Produktion und Logistik. Diese werden bei weltweit agierenden Konzernen wie ThyssenKrupp an verschiedenen, mitunter sogar wechselnden Standorten wahrgenommen; dort wo Kapazitäten frei sind, wo Rohstoffe bereitstehen, wo sich die Abnehmer befinden. Die Daten aber müssen immer da sein, wo sie gebraucht werden. Und sie müssen in den Formaten verfügbar sein, in denen sie verarbeitet werden sollen beziehungsweise können. Ressourcenplanung oder Kundenmanagement dürfen nicht auf Standorte oder

Abteilungen beschränkt bleiben, denn das behindert das Geschäft. Agilität und Flexibilität schaffen hingegen Standardanwendungen, die als Software-as-a-Service (SaaS) direkt in der Cloud einsetzbar sind und ohne Umweg auf die verfügbaren Daten zugreifen können, sowie Arbeitsplätze, die nicht länger an lokale Server und User-Accounts gebunden sind. Durch eine zentralisierte Administration lässt sich ohne zusätzlichen Aufwand dafür sorgen, dass alle Mitarbeiter mit den gleichen Anwendungsversionen arbeiten und alle nötigen Updates durchgängig installiert werden, dass die Daten kompatibel bleiben und Sicherheitslücken vermieden werden, die lokal unbeachtet, vielleicht gar unentdeckt blieben.

Die vierte industrielle Revolution, die auf die drei industriellen Revolutionen von Mechanisierung, Massenfertigung und Digitalisierung folgt, setzt auf die Faktoren Information und Kommunikation. Ob nun beim „Internet der Dinge" die Dinge untereinander verbunden oder der Mensch maßgeblich in den Austausch einbezogen werden soll: Stets ist es der reibungslose Fluss der Daten, der in Zukunft über den Geschäftserfolg entscheidet. Dies ist für die Wirtschaft gleichzeitig Herausforderung und Chance. Und es ist ein so wichtiges Terrain, dass man sich kompetente und integrative Partner holen sollte. Das ist der Grund, warum sich ThyssenKrupp für T-Systems entschieden hat. Die von Thyssen-Krupp geplante weltweite Harmonisierung der Daten und Prozesse und die Standardisierung der Arbeitsplätze brauchten eine hochverfügbare Basis, wie T-Systems sie mit ihren Twin-Core-Rechenzentren bieten kann. Denn es galt eine stabile Lösung zu finden, die gleichermaßen den Einsatz verfügbarer Standardbausteine wie auch die Migration bereits verfügbarer Unternehmenslösungen in die Cloud zuverlässig sicherstellt und somit der Vielfalt des Konzerns und seiner multinationalen Geschäftsbereiche gerecht wird.

10.2   Die Ausgangslage

ThyssenKrupp steht längst nicht mehr nur für Stahl und Eisen. Steel Europe und Steel Americas machen nur noch zwei der sechs Business Areas des Konzerns aus. Den Rest bestreiten die anderen Geschäftsbereiche: Components Technology, Elevator Technology, Industrial Solutions und Materials Services. Der Konzern besteht aus rund 500 Unternehmen mit rund 41 Milliarden Euro Umsatz und ist damit ein Schwergewicht der Branche. Genau wie das Projekt, das ThyssenKrupp Anfang 2015 mit T-Systems begonnen hat: Gut 80.000 Computerarbeitsplätze und ca. 700 Data Center und Serverräume werden im Zeitraum von 36 Monaten in die Cloud gebracht. Beteiligt sind an dem Umbau zum integrierten Konzern über 155.000 Mitarbeiter an ca. 1.700 Standorten in rund 80 Ländern.

10.3   Von der Public Cloud in die Private Cloud

Absicht von ThyssenKrupp ist es, konzernweit eine integrierte IT-Landschaft zu schaffen, die die globale Kommunikation und Zusammenarbeit einfacher und effizienter macht, aber auch die unterschiedlichen IT-Bedürfnisse der Business Areas bedient. Die Cloud ist hierfür der ideale Wegbereiter. Der einfachste Einstieg führt hierbei über die Public

Cloud. Sie bietet die Chance, Anwendungen einzuführen und zu erproben. Das Angebot der Public Cloud umfasst neben Webmail und virtuellen Laufwerken auch Anwendungen, Collaboration Services, Plattformen und Infrastrukturdienste. ThyssenKrupp hält in Asien mit Microsoft Office 365 beispielsweise über 10.000 Mailboxen in der Public Cloud. Und sie kann noch viel mehr: In den USA nutzt ThyssenKrupp Elevator seit einiger Zeit eine Cloud für ein Pilotprojekt der Industrie-4.0-Anbindung ihrer Aufzüge. Mittels Predictive Analytics werden die gesammelten Daten der Aufzüge ausgewertet, sodass flexible Wartungsintervalle vorausschauend geplant werden können, was Ausfallzeiten und Transportstillstände massiv reduziert.

Die Public-Variante der Cloud sollte für ThyssenKrupp jedoch nur der erste Schritt in die Cloud sein: Übergreifende Strategie ist es, im Rahmen des IT-Konsolidierungsprogramms „unITe" aus der dezentralen IT mit mehr als 500 Domänen und Active Directories, ca. 700 Data Centern und Serverräumen und über 10.000 Anwendungen in die Private Cloud von T-Systems zu migrieren und so eine hochsichere, einheitliche, globale IT-Verfügbarkeit zu gewährleisten. Die Private Cloud bietet hierbei zwei entscheidende Vorteile gegenüber der Public Cloud: auf ThyssenKrupp zugeschnittene Lösungen zum Schutz der Intellectual Property und der personenbezogenen Daten (Stichwort: Datenschutz und Informationssicherheit) sowie dezidierte Zugriffsrechte, bei denen nur die Mitarbeiter des Unternehmens oder authentifizierte Nutzer Zugang erhalten und die IT-Infrastruktur mit ihren Anwendungen in Anspruch nehmen können. Hierzu gehören dann auch Services, die bislang schon in der Public Cloud betrieben werden, wie der Wartungsservice von ThyssenKrupp Elevator, der mit über 50.000 Mitarbeitern ein wichtiger Geschäftsbereich ist.

10.4 Mehr Effizienz durch neue Architekturen

Die Anforderung an die Leistungsfähigkeit der Cloud ist also hoch. Doch wenn die Cloud das nicht ermöglicht – welcher Weg dann? Das Potenzial der Cloud lässt sich gut am Beispiel Aufzug darstellen: Er verbindet nicht nur Etagen, sondern auch Menschen. Und ebenso wie ein Aufzug müssen Daten und Anwendungen dort sein, wo sie gebraucht werden. Je schneller, unmittelbarer und sicherer, umso besser. Wer hierfür bereit ist, Architekturen zu überdenken und (Daten-)Strukturen zu vereinheitlichen, kann in Sachen Effektivität und Workflow ganz neue Impulse setzen. Im Falle des Aufzugs zeigt das der „Multi" – denn eine solch flexible Konstruktion gibt es nicht nur im übertragenen Sinn. Mit dem Multi entwickelt ThyssenKrupp eine komplett neue Aufzugstechnologie, die in Zukunft für mehr Flexibilität im Aufbau von Hochhäusern sorgen wird: Waren Wolkenkratzer bislang daran gebunden, dass Aufzüge senkrecht durch ihr Inneres gezogen werden, so ändert sich dies mit dem neuen Multi-Aufzugskonzept grundlegend. Hier kommt der Aufzug zum Menschen, holt ihn an der Stelle ab, wo er sich befindet. Basis ist eine Technologie, die auf das altgewohnte Drahtseil verzichtet, stattdessen die Kabinen mit Magnetschwebetechnik durchs Haus schickt. So ist der Aufzug in der Lage, sein Ziel auch horizontal zu erreichen. Der Aufzug kann zudem nicht nur flexibel navigiert werden, sondern auch als Gefährt in einer Gruppe agieren – mit anderen Aufzügen, die einander ausweichen und termingerecht angefordert werden können – beispielsweise zu Zeitpunkten mit großem Bedarf wie zu Arbeitsbeginn oder wenn bei einem Event ein Reisebus eintrifft. Das ist Industrie 4.0 par excellence: Die Anwendung macht Staus an Aufzugstüren überflüssig, indem sie Daten der Verkehrsströme auswertet – eine vorausschauende Wartung reduziert Stillstand und Ausfallzeiten. Und all das wird möglich in der Cloud.

Das Beispiel „Multi" soll vor allem etwas Wesentliches veranschaulichen: Technologien halten auf vielfältigste Weise Einzug in unseren Alltag. Sie bringen allerdings nur dann einen Mehrwert, wenn sie verfügbar und funktionsfähig sind. Die Cloud schafft genau hierfür die Basis. Und sie schafft die Basis für mehr Flexibilität: So wie der Multi neue Architekturen zulässt, die es bislang noch nicht gab, so ermöglicht die Cloud Netzwerkarchitekturen, die früher undenkbar waren. Und sorgt damit – ebenso wie der Aufzug – für mehr Flexibilität, Verfügbarkeit, Geschwindigkeit und Sicherheit.

10.5 Dynamische Arbeitsplätze aus der Cloud

In der Flexibilität liegt ein entscheidender Pluspunkt einer unternehmensweiten Cloud-Lösung: Daten sind verfügbar, Anwendungen einsetzbar, Dokumente und Informationen stehen bereit, wenn der Mitarbeiter sie braucht. Und genau das schafft ThyssenKrupp mit dem Dynamic Workplace von T-Systems. Die Lösung bietet dem Mitarbeiter jederzeit einen sicheren Zugriff auf seinen persönlichen Arbeitsplatz in der T-Systems-Cloud. Arbeitsplatz-Betriebssysteme und Desktop-Anwendungen werden virtualisiert – und der Anwender ist völlig unabhängig vom Endgerät und mobilen Betriebssystem. Der Zugriff des Anwenders erfordert eine Authentifizierung und erfolgt ganz einfach über den Browser oder über eine App. Die Bedienung seines Bildschirmarbeitsplatzes bleibt für den Anwender weitgehend unverändert erhalten – ein wichtiges Argument für ThyssenKrupp. Denn die Mitarbeiter müssen sich nicht von Grund auf an eine neue digitale Arbeitswelt, neue Arbeitsplatz-Umgebungen und Programme gewöhnen. Sie können die bekannten, lediglich in die Cloud migrierten Anwendungen nutzen und kommen gleichzeitig in den Genuss der neuen Infrastruktur, die durchgängigen Zugriff auf die gespeicherten Daten schafft. Hinzu kommt eine erhöhte Sicherheit – unabhängig vom Endgerät.

Durch die Variabilität der Endgeräte ergibt sich eine erhöhte Mobilität für den Anwender, aber auch eine einfache Administration, da sich ohne großen Aufwand neue Arbeitsplätze anlegen lassen. Alle Arbeitsplätze werden zentral in T-Systems-Rechenzentren virtualisiert, wo somit auch alle Anwendungen laufen und sämtliche Daten gespeichert werden. Das reduziert bei ThyssenKrupp die Kosten für Hardware signifikant, vor allem aber auch für deren Wartung, das Aufsetzen von Systemen, Einspielen von Software und die Verwaltung von Updates. Durch die Verlagerung der Rechenleistung in die Cloud werden an die Hardware keine weiteren Anforderungen gestellt.

Ein solches Vorgehen ebnet den Weg für kostengünstige Endgeräte, bietet aber gleichzeitig die Chance, vorhandene PCs weiterzunutzen. Dies ist gerade in der Umstellungsphase, die sich bei solch einem Großprojekt über Jahre erstreckt, ein wichtiger Faktor: So ist gewährleistet, dass die alte, dezentrale Systemwelt weitergenutzt werden kann, während die neue Infrastruktur aufgebaut und die Anwendungen sukzessive übernommen werden. Die Harmonisierung und Standardisierung der IT-Infrastruktur lässt sich also vorantreiben, ohne funktionierende Geschäftsprozesse zu unterbrechen.

10.6 Die Standortfrage

Fest stand bereits relativ früh, dass ThyssenKrupp langfristig keine eigenen Rechenzentren betreiben wollte. Die – über die Jahre kontinuierlich zunehmende – Komplexität bindet zu viel Kapazität und finanzielle Mittel. Doch hier hilft der IT-Partner, der nicht nur über die notwendige Kompetenz verfügt, sondern darüber hinaus über modernste Technologien und Rechenzentrumskapazitäten. So lassen sich wertvolle Kapazitäten und finanzielle Mittel einsparen, die dann wiederum dem Kerngeschäft des Konzerns zur Verfügung stehen.

Als international agierendes Unternehmen war es für ThyssenKrupp Voraussetzung, dass der IT-Partner nicht nur auf deutschem Boden, sondern auch international Rechenzentren vorhält.

So kann ThyssenKrupp im Rahmen des Konsolidierungsprogramms unITe auf fünf Twin-Core-Rechenzentren von T-Systems zurückgreifen. Die Rechenzentren befinden sich in Frankfurt am Main für den europäischen Raum, in Houston für die USA, in Shanghai für China und außerdem in Singapur und São Paulo. Und das ist ein weiterer Punkt, der für die Private Cloud spricht: Man kann festlegen, wo bestimmte Daten liegen und wo spezielle Anwendungen laufen. Nur mit dieser kontrollierten lokalen Datenhaltung kann ein globales Unternehmen den Gesetzgebungen der entsprechenden Länder gerecht werden und die Auflagen der Behörden erfüllen. Für weltweit agierende Firmen betrifft diese Frage nach dem Schutz bzw. der Sicherheit nicht nur sensible Informationen aus dem eigenen Unternehmensumfeld, sondern durchaus auch Daten, die sich auf lokale Partnerunternehmen oder Personen – Mitarbeiter und Kunden – beziehen. Hier muss der Schutz entsprechend den nationalen Gesetzen und Richtlinien gewährleistet sein.

Da je nach Standort die Offenlegung der gespeicherten Informationen verpflichtend sein kann, muss minutiös geplant werden, wer von wo auf welche Daten zugreifen darf und auf welche Weise der Zugriff erfolgt. Die Frage, wo diese Daten physikalisch gespeichert werden oder – wichtiger noch – wo auf keinen Fall die Speicherung erfolgen darf, entscheidet darüber, ob Betriebsgeheimnisse geheim bleiben. Das gilt auch, wenn zum Beispiel in China nur nach behördlicher Genehmigung eine zugelassene Verschlüsselungstechnik genutzt werden darf. Mit T-Systems Rechenzentren beispielsweise in den USA und in China ist ThyssenKrupp jedoch in der Lage, eine Separierung durchzuführen, die die Daten vor Ort nach landestypischen Vorgaben absichert. Die solchermaßen geerdete Datenwolke verdeutlicht, dass der Begriff Cloud mitunter zu unpräzise ist. Die verarbeiteten und gespeicherten Informationen befinden sich eben nicht in einer Wolke, deren Standort unbestimmt oder beliebig sein kann. Stattdessen muss man seinen gesamten Datenbestand und die Anwendungen, die darauf zugreifen, präzise verorten können. Mittels der T-Systems Rechenzentren wird – unter Berücksichtigung der lokalen Anforderungen und Besonderheiten – die Datenverarbeitung länderübergreifend kollaborationsfähig gehalten – von den USA mit Europa und Asien.

10.7   Ganz oben auf der Agenda: Sicherheit der Daten

ThyssenKrupp profitiert nicht nur von der Nachverfolgbarkeit und Steuerbarkeit des internationalen Datenflusses und den strengen rechtlichen Datenschutzbestimmungen sowie EU-Regularien, denen die deutschen Standorte der Rechenzentren unterliegen, sondern auch von der Ausfallsicherheit und Hochverfügbarkeit der Twin-Core-Rechenzentren. Die moderne Technik der vollständig redundant aufgebauten Zwillingsrechenzentren garantiert höchstmögliche Verfügbarkeit und Sicherheit. Tritt in einem der Rechenzentren unerwartet eine Störung auf, führt der Zwilling den Betrieb unmittelbar fort. Ein wichtiges Argument, das für einen Weltkonzern höchste Priorität haben muss. Denn eine unternehmensweite Arbeitsplatz-Lösung wie Dynamic Workplace ist nur dann sinnvoll und wirtschaftlich, wenn der Zugriff auf die Anwendungen und Daten im Rechenzentrum hochverfügbar gehalten wird.

Der Aspekt Sicherheit umfasst außerdem den Schutz gegen Angriffe von außen. Immerhin beziffert der Verfassungsschutz den jährlichen Schaden in Deutschland durch elektronische Spionage auf rund 50 Milliarden Euro. Um das Netzwerk bestmöglich abzusichern, hat ThyssenKrupp in den letzten Jahren eine Bereinigung der Infrastruktur durchgeführt, ein Vierstufen-Sicherheitsmodell definiert und entsprechend in die Absicherung der Clients und Zonen investiert. Dieses Sicherheitsmanagement wird als Secure Cell Management 2.0 gemeinsam mit T-Systems nach deutschem Recht weiter ausgestaltet, um die Unternehmensdaten zu schützen und abzusichern. Die Administration der User und Profile bleibt hierbei weiterhin in der Hand von ThyssenKrupp, während das Management der Tools und das Zusammenspiel mit den Rechenzentren, aber auch mit den Netzwerkkomponenten zusammen mit T-Systems realisiert werden. Hierbei kommen nicht nur NextGenFirewalls, sondern auch State-of-the-Art Security Appliances, semantisch vernetzte CM-Systeme und Überwachungssysteme, die den Traffic kontrollieren, zum Einsatz.

Darüber hinaus bietet bereits die Lösung des Dynamic Workplace mit seinem virtuellen Konzept selbst eine erhöhte Sicherheit. Denn lokal bieten sich nahezu keine Angriffspunkte mehr. Über die Virtualisierung, die bereits auf der Ebene der Netzwerke beginnt, sind die Nutzer strikt voneinander getrennt und besser untereinander und gegenüber dem Server abgesichert. Auf diese Weise lassen sich die Zugriffe unabhängig vom Gerät zentral sicher managen. Dies kommt selbstverständlich auch dem Datenaustausch zwischen den Teilnehmern des Dynamic Workplace zugute, der im geschützten Raum der Rechenzentren erfolgt.

10.8 Herausforderungen im Verbund

Was bei einem solchen Projekt in der Planung und in sämtlichen Überlegungen von Beginn an die größte Herausforderung darstellt, ist dessen Komplexität. Denn auch, wenn die Cloud im späteren Verlauf für eine einfachere IT-Landschaft bei ThyssenKrupp sorgt, so gilt es immer zuerst, die bestehenden IT-Inseln erfolgreich zu transformieren. In diesem Fall lag die gesamte Arbeitsumgebung zunächst noch bei verschiedenen Anbietern oder bei ThyssenKrupp selbst in ca. 700 Data Centern und kleinen Serverräumen. Das bietet dann allen Mitarbeitern über Dynamic Workplace einen einheitlichen Zugang. Die Hürden liegen in der Transformation selbst: Tausende von Anwendungen, die im Feld der Unternehmen verteilt sind, müssen konsolidiert und standardisiert werden. Um diesen Weg länderübergreifend möglichst effizient und stringent zu gehen, hat ThyssenKrupp ein eigenes Programm aufgesetzt („Daten- und Prozessharmonisierung" bzw. daproh), das parallel zu unITe läuft und für alle Business Areas verpflichtend ist. Es galt also, neben der konzernweiten IT-Infrastruktur-Konsolidierung jeweils auf lokaler Ebene Prozesse und Anwendungen zu harmonisieren. Nur wenn die Harmonisierung von Daten- ebenso wie von IT-Prozessen ohne Ausnahmen – also von einfachen Kommunikationstools bis zu den Geschäftsdaten für ERP-Analysen – durchgängig erfolgt, steht als Resultat unterm Strich das positive Ergebnis.

ThyssenKrupp besteht aus rund 500 Unternehmen. Und so verschieden die Produkte und die Produktionsketten dieser Unternehmen auch sind – sie sind alle Teil von ThyssenKrupp. Die Aufgabe besteht darin, sämtliche Teilbereiche des Konzerns zusammenzubringen, datentechnisch die Schwellen abzubauen und höchsten Nutzwert zu generieren. Die Vernetzung innerhalb der eigenen Wertschöpfungsketten ist zwingend notwendig, um im Verbund noch effektiver, schneller und ertragreicher zu wirtschaften. Nehmen wir das Beispiel Transport: In einigen Teilen des Konzerns wird der Transport eigenständig ausgeführt, in anderen gibt es ein übergeordnetes Transportmanagement. Die Frage, die das Management beantworten und die IT lösen muss, lautet: Kümmert sich in Zukunft jedes Unternehmen im Einzelnen um seine Logistik oder gibt es weltweite Synergien, die das Transportmanagement in eine ganz andere Dimension führen? Diese Harmonisierung und Standardisierung der Prozesse und Daten der einzelnen Unternehmen lässt sich im Verbund am besten bewältigen, wenn die IT mit ihren Infrastrukturen in die Cloud geht.

Hier sind dann auch wieder internationale Kompetenzen gefragt: Alles, was beispielsweise mit amerikanischer oder chinesischer Gesetzgebung verbunden ist, steht schnell vor landesspezifischen Hürden, wie z. B. Exportkontrollvorschriften. Gut daher, wenn man einen globalen Partner hat, der einerseits auf den avisierten Zielmärkten Präsenz und Erfahrung beweist und andererseits ein Gefühl für die nationalen Details hat. So eröffnen sich neue Kollaborationsmodelle, die die Partner für sich allein nicht so erfolgreich hätten initiieren können.

10.9   Migration in zwei Schritten

Auch wenn das Ziel eine gemeinsame Cloud ist, muss die internationale Konsolidierung der Konzerndaten zunächst differenziert betrachtet werden. Man darf nicht alles einfach in eine Cloud packen. Dies würde die Cloud überbeanspruchen und falsche Erwartungen wecken. Cloud Computing bedeutet ja im Grunde, dass man Rechenzentrumsleistungen, also Serverleistungen, in ein Netzwerk verlegt und in dem Netzwerk Softwareleistung erbringt. Cloud Computing ist kein Mirakel, sondern ein Ordnungskriterium. Cloud Computing versetzt Unternehmen in die Lage, Software wie SAP-, Oracle- oder selbst gestrickte Unix-Anwendungen in ein großes Netz einzubringen, statt sie im lokalen Rechenzentrum des Unternehmens eigenständig zu betreiben. Bei ThyssenKrupp wird das Netz orchestriert durch T-Systems.

Aufgrund der IT-Historie in den Business Areas gab es viele Anwendungen, die noch nicht Cloud-fähig waren, es aber werden mussten. Es ist zwar relativ problemlos, von der Public Cloud zur Private Cloud zu migrieren mit Anwendungen wie Microsoft Azure, Dynamics und Office 365, SAP HANA, SuccessFactors, Ariba und IBM WebSphere. Schwierig ist es, die vielen Tausend Anwendungen in der Fläche, die noch nicht in der Cloud sind, zu portieren. Das geht nicht über Nacht. Die Migration von ThyssenKrupp erfolgt daher schrittweise. Denn nur eine sukzessive Migration stellt sicher, dass die anfangs geplanten Vorhaben auch bis zum Ende realistisch bleiben und erfolgreich abgeschlossen werden – weil nichts außer Acht gelassen wird, alle Anwendungen gut überlegt Cloud-fähig gemacht werden und auf Veränderungen reagiert werden kann.

10.10 Gibt es einen Weg ohne Cloud?

Angesichts des hohen Aufwands stellt sich die Frage, ob man es sich nicht einfacher machen könnte, alles beim Alten belässt und die Problematik mit eigenen, vernetzten Rechenzentren in den Griff zu bekommen versucht. Kurzum: Die Antwort ist nein. Denn das wäre ein Ergebnis mit äußerst kurzem Haltbarkeitsdatum und ohne Zukunftsperspektive für ThyssenKrupp. Im Unternehmen – ganz gleich ob Konzern oder Mittelstand – erschließt sich der Wert von Daten nur durch ihre Kombination, ihren Austausch. Je besser dieser funktioniert, je tiefgreifender eine Analyse möglich ist, umso höher ist der Wert. Industrie 4.0 hat für die Wirtschaft mehr Bedeutung, als sich aus plakativen Berichten erschließen lässt. Es geht nicht nur darum, dass Müslitüten per Scancode nach Geschmacksvorlieben befüllt werden, es geht auch nicht darum, dass Kupplungen on demand gefertigt werden, sobald ein spezielles Auto bestellt wird. Es geht darum, dass die Daten eines Unternehmens jederzeit analysiert und visualisiert werden können und Maßnahmen zur Optimierung der Geschäftsprozesse und des Kundennutzens daraus abgeleitet werden. Die Datenmengen, die Aufschluss über die aktuelle Situation geben und durch Predictive Analytics auch in die Zukunft blicken lassen, müssen den gleichen Stand haben und miteinander in Verbindung gebracht werden. Hierfür braucht es eine sichere globale Infrastruktur. Sie ist das Rückgrat unserer Wirtschaft. Die Backbones unserer Unternehmen brauchen den gleichen hohen Standard, den auch die Waren haben, die wir produzieren. Das sind gänzlich verschiedene Geschäftsbereiche einer gemeinsamen Wirtschaft. Und man muss wissen, was man am besten kann und wo man am besten investiert. Industrieunternehmen wie ThyssenKrupp können es sich einfach nicht mehr leisten, zahlreiche eigene Rechenzentren zu betreiben. Das bindet zu viele Kapazitäten und kostet zu viel Geld, und die Dynamik auf dem Markt ist zu hoch, als dass sie für eine hauseigene IT verlustfrei nachvollziehbar wäre. Hierfür brauchen Konzerne und Mittelstand Partner wie T-Systems. Und die sind wiederum Partner von Microsoft, SAP, IBM, Oracle, Salesforce und anderen, also jenen Anbietern, mit denen die Industrie-IT bislang direkt kooperierte. Dieser Dreiklang – Industrieunternehmen, Infrastrukturanbieter und Softwarehäuser – hat das Potenzial, ein harmonisches Erfolgsmodell zu werden.

In der Cloud beschränkt sich ThyssenKrupp auf acht bis zehn Partner, die T-Systems orchestriert. Es wäre unrealistisch, anzunehmen, man könne alles mit einem einzigen Partner realisieren; man muss aber andererseits ausschließen, dass durch individuelle Speziallösungen und bunte Vielfalt ein Chaos entsteht, das sich nicht mehr administrieren lässt. Ein Cloud-Arrangement braucht nicht Hunderte von Partnern: Wenn man acht bis zehn Cloud-Plattformen hat, die Architektur und Anwendungen abdecken, bietet sich die Möglichkeit, alles harmonisch zu orchestrieren.

Man hat dann immer noch die Wahlmöglichkeit, kann Prozesse abstimmen und ist nicht auf eine Lösung festgelegt. Das ist wichtig, denn so behält man die nötige Bandbreite für neue Wege. Die IT des Unternehmens braucht diese Flexibilität, denn sie ist ja im besten Fall der Technologiepartner der Fachabteilungen, der die erforderlichen Lösungen realisiert. Ein Enabler, der Aufgaben dann am besten erfüllt, wenn er – beinahe unsichtbar – hinter die realisierte Lösung zurücktreten kann. Die Cloud kommt von einem Provider und – gesteuert von der IT – werden mit den jeweiligen Partnern die Lösungen aufgesetzt. Wenn beispielsweise ein Social Business Network implementiert wird, arbeiten der Kommunikationschef und die ganze Community mit der IT und dem Provider gemeinsam an dem Thema. Mit diesem Ansatz hat die IT von ThyssenKrupp innerhalb von vier Monaten den Prototypen des neuen Enterprise Portals realisiert: Die IT hat schnell und dynamisch zugearbeitet, statt den Anspruch zu haben, alles zu beherrschen, und dann acht Jahre zu brauchen, um es umzusetzen. Die IT versteht sich in diesem Zusammenhang als der Technologiepartner, der durch die Architektur navigiert. Wie der Multi-Aufzug, der neue, flexible Wege schafft. Es ist die Rolle der IT, das Backbone hochzufahren und dann am Frontend zu den Partnern die Dynamik zu liefern.

10.11 Fazit

Das Ziel ist klar definiert: weg von der klassischen IT; weg von der dezentralisierten IT-Umgebung und hin zu einer integrierten, standardisierten sowie konsolidierten Rechenzentrumslösung. Und zwar sukzessive, um die neue IT, die Auswirkungen der digitalen Revolution, das Internet of Things und die Vernetzung Mensch, Maschine und Internet in Richtung Industrie 4.0 auszugestalten und einen Mehrwert für das Unternehmen zu generieren. Zufrieden bin ich erst, wenn die Endanwender sagen: Das Resultat überzeugt, der Übergang war gut begleitet und das alles bringt uns und unserem Unternehmen in Zukunft einen Mehrwert. Doch ich bin überzeugt, dass die Cloud uns hier die richtige Plattform bietet.

Autor

Klaus Hardy Mühleck ist seit Anfang des Jahres 2013 Chief Information Officer der ThyssenKrupp AG mit Sitz in Essen. In der Funktion als Leiter der Corporate Function „Information Technology Management" liegt sein Schwerpunkt auf der Schaffung zukunftsfähiger IT-Strukturen für das diversifizierte Industrieunternehmen. ThyssenKrupp besteht aus den Business Areas „Components Technology", „Elevator Technology", „Industrial Services", „Materials Services", „Steel Europe" und „Steel Americas". Zu Mühlecks Aufgaben gehören die Festlegung der IT-Strategie gemeinsam mit den CIOs der einzelnen Geschäftsfelder, die Vereinheitlichung der Anwendungsstrukturen sowie die Standardisierung der IT-Infrastrukturen weltweit auf der Basis einheitlicher Vorgaben. Der Diplom-Ingenieur der Elektrotechnik war zuletzt Chief Information Officer (CIO) der Volkswagen AG, davor CIO bei Audi AG und Mercedes Benz AG.

100 Prozent Sicherheit – ein erstrebenswertes Ziel?

Michael Weppler

Im Sommer 2015 wurde bekannt, dass der PC von Bundeskanzlerin Merkel von einem Virus befallen war. Gleichzeitig war das gesamte Netz des Bundestages, die Rechner aller Abgeordneten, von einem Trojaner befallen. Nach einer ersten Einschätzung der Experten sollte es eineinhalb Jahre dauern, die IT-Infrastruktur von der Malware zu säubern. Doch wie kann ein solcher Angriff abgewehrt werden? Müsste es nicht eine 100-prozentige Sicherheit für solche hochsensiblen Netze, die den Kern unserer Demokratie betreffen, geben? Sicherheit und Vertrauen im Zeitalter von Smartphones, Social Media, Big Data und Cloud sind Themen, die IT-Verantwortliche zunehmend beschäftigen. Es gibt auf viele Fragen in diesem Zusammenhang technische Antworten, aber es stellen sich auch einige eher philosophische Fragen in der Digitalen Welt 2.0, die wir nicht mit mehr IT, mehr Kontrolle und mehr Gesetzen lösen können.

11.1 Das Risiko in Zahlen

Bei TÜV Rheinland kommen jeden Tag weltweit etwa 800.000 E-Mails an. Davon gelangen aber nur 150.000 in die Postfächer der Mitarbeiter. Mit anderen Worten: 80 Prozent aller ankommenden E-Mails sind Spam; und bei den E-Mails, die durchkommen, ist noch genügend Löschenswertes dabei. Auf 20.000 Mitarbeiter weltweit kommen 20.000 PCs, Tablets und Laptops – Smartphones nicht mitgerechnet. Jedes dieser Geräte wird also durchschnittlich dreißigmal am Tag mit Spam angegriffen – wobei nicht jede E-Mail auch gleich eine Gefahr für das gesamte System darstellen muss.

Die Zahlen sind ebenso beeindruckend wie erschreckend. Denn der TÜV Rheinland ist ein technischer Dienstleister ohne große Forschungs- und Entwicklungsabteilungen. Das Unternehmen hält nicht Tausende von Patenten und das Kapital steckt nicht in Bauplänen oder technischen Erfindungen von morgen. Es steckt in den Köpfen der Menschen. Und da kommen Trojaner – bislang – nicht hinein. Unternehmen, deren Geschäftsmodell und Entwicklungsvorsprung auf Rechnern liegt, können demnach über weit höhere Zahlen berichten.

Deutlich kritischer müssen wir daher auch beispielsweise mögliche Ausfallzeiten von Datenströmen in der Industrie 4.0 bewerten. Für autonomes Fahren, Smart Homes und intelligente Fabriken, in denen sich die Bauteile selbst die nächste Maschine suchen, von denen sie weiterbearbeitet werden: Hier geht es um Verletzungsrisiken und um Gefahren für den Menschen durch die Technisierung. Diese Herausforderungen sind erst aufgetaucht, seit Datenaustausch im Exabyte-Bereich (rund eine Million Terabyte) möglich ist. Hierbei spielt die Cloud eine wesentliche Rolle – und mit ihr auch die Frage, wie sicher die Daten jederzeit zur Verfügung stehen, wenn sie gebraucht werden.

11.2   Der Speicherbedarf ist unaufhaltsam

Noch vor zehn Jahren war Cloud eher ein Nischenthema, von Nerds für Nerds. Heute geht ohne die Cloud gar nichts mehr. Gleichgültig, wie schnell die Preise für Terabyte-Speicherkarten fallen, der Bedarf an Speicherkapazitäten steigt schneller. Vor allem ist der Bedarf – ähnlich dem Stromverbrauch – nicht kontinuierlich, sondern wellenförmig. Morgens, mittags und in der Halbzeitpause von Fußball-Länderspielen ist der Stromverbrauch besonders hoch. Ein Mittelständler, der in der Automobilzulieferindustrie arbeitet, braucht vielleicht zweimal im Jahr extrem viel Speicherkapazität, wenn er beispielsweise in der Schlussphase der Entwicklung eines neuen Bauteiles ist, an dem ein globales Team einschließlich des Kunden gleichzeitig arbeitet, in Echtzeit und 3D. Ist das Bauteil fertig, wird auch der Speicher nicht mehr gebraucht, also nutzt er für die Entwicklungsphase einen Cloud-Anbieter und spart sich sinnvollerweise die Investition in ein eigenes Rechenzentrum.

In anderen Bereichen, die vor allem privat genutzt werden, steigt die Nachfrage nach Speicherkapazitäten kontinuierlich auf extrem hohem Niveau: Auf Youtube werden zum Beispiel innerhalb von zwei Wochen in Deutschland mehr Filmminuten hochgeladen, als das deutsche Fernsehen inklusive aller Privatsender seit Bestehen jemals produziert hat. Ein Ausfall von Google, der nur fünf Minuten gedauert hat, hatte einen Rückgang des weltweiten Internetverkehrs von 40 Prozent zur Folge.

Google Maps wurde im September 2014 jeden Tag von einer Milliarde Nutzern aufgerufen. Damit ist der datenintensive Kartendienst das erfolgreichste Produkt der Menschheitsgeschichte.
Alleine Youtube in seiner heutigen Form hätte vor 15 Jahren vermutlich noch den gesamten weltweit verfügbaren Speicherplatz in Anspruch genommen. Und es gibt keinen Grund, warum sich diese Entwicklung nicht weiter beschleunigen sollte.

11.3   Ausfallsicherheit ist Pflicht

Als ich mir Anfang der 1990er-Jahre einen 386er-Rechner kaufte, sagte der damalige Vobis-Händler, dass ich damit eine Anschaffung fürs Leben gemacht hätte. Fünf Jahre später war der 386er nur noch als Schreibmaschine zu gebrauchen, die 1-MB-Festplatte mutet aus heutiger Sicht geradezu prähistorisch an.

Die positive Seite des Preisverfalls ist, dass Speicherplatz heute kein begrenzendes Element mehr ist. Noch vor fünf Jahren war Hardware so teuer, dass man Cloud-Anbietern, die eine Verfügbarkeit von 99,99 Prozent – was man theoretisch für möglich hielt – anbieten wollten, die Pleite vorhersagte, weil kein Kunde den Preis dafür bezahlen werde. Zur Erläuterung: 99,99 Prozent bedeutet eine maximale Ausfallzeit von 52 Minuten im Jahr. T-Systems bietet in seinem Qualitätssicherungsprogramm „Zero Outage" inzwischen 99,999 Prozent Verfügbarkeit für die Cloud an – das entspricht einer maximalen Ausfallzeit von rund fünf Minuten im Jahr. TÜV Rheinland hat den Prozess, der hinter diesem Programm steht, geprüft, auditiert und zertifiziert. Die Zertifizierung eines Prozesses geht von der Annahme aus, dass ein hervorragend organisierter und von allen Beteiligten verstandener, gelebter und umgesetzter Prozess immer zum selben Ergebnis führt. Beim Zero-Outage-Programm ist es das Ziel, die Ausfallzeiten in der Cloud für Großkunden von T-Systems auf 0,001 Prozent zu begrenzen; im besten Fall gibt es gar keine Ausfallzeiten.

Noch vor zehn Jahren war der häufigste Ausfallgrund für Systeme der Strom beziehungsweise der nicht vorhandene Strom. In Deutschland liegt im Mittelspannungsnetz die Ausfallzeit um die zehn Stunden pro Jahr, in jedem Fall der beste Wert in Europa. Blackouts ganzer Regionen, wie sie in Kalifornien, Virginia und anderen Bundesstaaten der USA jedes Jahr nach Naturkatastrophen vorkommen, kennen wir zwar nicht. Die Globalisierung hat aber dazu geführt, dass sie uns mittlerweile indirekt auch betreffen.

Man stelle sich vor, ein großer europäischer Telefonanbieter rechnet die Gespräche seiner Kunden sekundengenau ab und das Rechenzentrum dafür stünde in Ashburn, Virginia und würde von Amazon betrieben (2012 ist genau dieses Rechenzentrum durch ein gewaltiges Unwetter lahmgelegt worden). Die Einnahmeausfälle durch nicht abrechenbare Telefonie wären schon nach einer Stunde im siebenstelligen Bereich, da ja nur die Abrechnung, nicht aber das Telefonnetz betroffen gewesen wäre.

Die Entwicklungsgeschwindigkeit der Technologie einerseits und die Nachfrage nach Speicherbedarf andererseits haben sich in den vergangenen 20 Jahren nicht verlangsamt. Warum sollte sich also daran in den nächsten 20 Jahren etwas ändern? Dem Kunden ist es letztlich egal, ob ein Virus von außen, eine Cyber-Attacke, ein Mitarbeiter von innen oder die fehlende Energieversorgung die Ursache für einen Ausfall ist.

11.4   Die Rolle des IT-Providers

Was bedeutet diese Entwicklung für Unternehmen, die Cloud-Dienste nutzen, und für die, die solche anbieten? Immer mehr Anstrengungen, die Daten in komplexen Systemen doppelt bis fünffach abzusichern? Zurück zu Embedded Systems, die autark und ohne

Verbindung zur „Außenwelt" agieren? Oder gibt es einen dritten Weg – und wenn ja, wie sähe der aus?

Psychologisch sehr interessant ist hierbei folgende Beobachtung: Wenn ein Unternehmen seine Daten komplett auf eigenen Rechnern hat, mit eigenem Rechenzentrum und der dazugehörigen IT-Mannschaft, dann werden Ausfallzeiten hingenommen. Es gibt kaum Unternehmen, die für ihre eigenen IT-Systeme ihren Mitarbeitern eine Verfügbarkeit von 99,999 Prozent garantieren. Schon 99 und erst recht 99,9 Prozent werden als Erfolg angesehen. Wenn dasselbe Unternehmen einen Teil seiner Daten zu Cloud-Dienstleistern auslagert, steigt der Anspruch häufig auf 100 Prozent Verfügbarkeit. „Warum sonst würde ich meine Daten auslagern, wenn es nicht billiger, besser und ausfallsicherer ist?", fragen die Verantwortlichen.

Ein weiterer Aspekt kommt hinzu: Wir sind als Menschen darauf gepolt zu vertrauen, und am liebsten möchten wir „blind" vertrauen können, insbesondere dann, wenn die Dinge komplex und für den Einzelnen unüberschaubar werden. Das gilt beim Kauf von Lebensmitteln genauso wie bei Autozubehör, Textilien, der Sicherheit von Kraftwerken und für die Verlässlichkeit des Bankberaters. Wir möchten vertrauen, und das ist auch gut so. Die Enttäuschung ist jedoch umso größer, wenn sich plötzlich herausstellt, dass das Vertrauen nicht gerechtfertigt war.

Dass die Cloud ein Wachstumstreiber ist, bestreitet niemand mehr. Dass wir deshalb eher mehr als weniger Cloud brauchen, ist eine Konsequenz daraus. Aber seit Wikileaks, Edward Snowden und dem NSA-Skandal ist das Vertrauen in die Sicherheit von Daten erschüttert.

11.5   Mehr Daten, mehr Cloud, mehr Erwartung an Sicherheit

Das ist das Spannungsfeld, in dem wir uns befinden. Gleichzeitig löst sich, zumindest nach Ansicht der Google-Verantwortlichen, das Prinzip von B2B und B2C zugunsten einer einheitlichen B2P(Business-to-People)-Geschäftswelt auf. Das bedeutet, die Trennung zwischen privat und öffentlich, geschäftlich und persönlich wird aufgehoben.

Im Smartphone-Zeitalter ist der Kunde zum König geworden und das Device ist sein Zepter, mit dem er seinen Ärger unmittelbar und oft sehr emotional der ganzen Welt mitteilen kann, nahezu ausschließlich auf den Produzenten oder Dienstleister und dessen „Versagen" geschoben. Auch der Ton in der Geschäftswelt ist – so scheint es oft – noch mal rauer und vor allem persönlicher geworden.

Bei näherem Hinsehen und kurzem Nachdenken ist jedoch klar: Die Verantwortung für Daten – zumal, wenn sie die Grundlage des eigenen Geschäftes sind – kann nicht komplett risikofrei an Dritte abgegeben werden. Denn 100-prozentige Sicherheit gibt es nicht, und je näher man an die 100 Prozent herankommt, desto teurer wird die Sicherheit.

Ein Beispiel: Die Äpfel im Supermarkt sind sicher? Keine unbefugte Hand hat etwas in einen Apfel injiziert oder ihn mit einem Keim besprüht? Wollten wir dafür 100-prozentige Sicherheit, müssten wir jeden Apfel vor dem Verkauf aufschneiden, prüfen, für gut befin- den und dann leider entsorgen, weil er nicht mehr verkauft werden kann und darf. Also bleibt das Vertrauen in den Händler einerseits und das Restrisiko andererseits.

Wenn etwas passiert, geht es gerade in unserer Kultur zu oft und zu schnell um die Schuld- frage. Wir arbeiten Skandale jahrelang mit dem rückwärtsgerichteten Blick der Schuld auf und arbeiten nicht mit genauso viel Energie daran, wie man es für die Zukunft besser macht.

Es sollte also nicht darum gehen, dass zunehmende IT-Strukturen auch ein zunehmendes Risiko der Verletzbarkeit von Unternehmen darstellen. Hier kann man mit entsprechen- der Sicherheitstechnologie vorsorgen. Vielmehr müssen wir uns einer Sache bewusst sein: Die Cloud hat die erfolgreichen Geschäftsmodelle der Zukunft überhaupt erst möglich gemacht. Das zeigen unter anderem folgende vier Beispiele:

– Das erfolgreichste Taxiunternehmen der Welt ist Uber; es besitzt selbst kein einziges Taxi, dafür jede Menge IT-Infrastruktur.

– Das größte Medienunternehmen der Welt ist Facebook. Es hat keinen eigenen Content, sondern vermittelt Inhalte zwischen passenden Nutzerprofilen.

– Das größte Handelsunternehmen ist der chinesische Konzern Alibaba, der weder selbst etwas produziert noch Lagerflächen besitzt.

– Der größte Übernachtungskonzern heißt Airbnb und er besitzt keine eigene Immobilie.

Was alle vier Unternehmen gemein haben: Sie leben vom Vertrauen in ihre Marke und vom Vertrauen darauf, dass Daten bei ihnen sicher aufgehoben sind. Und das ist nicht im- mer leicht. Schließlich schaffen die Länder, in denen Unternehmen wie diese ihre Rechen- zentren beheimaten, ganz unterschiedliche gesetzliche Voraussetzungen für den Schutz der Daten. Hinzu kommt, dass die Unternehmen auf eine 24/7-Erreichbarkeit über jede Art von Endgerät und Anwendung, von jedem Ort der Welt angewiesen sind. Das ist B2P par excellence. Hier treffen die Erwartungen der Nutzer an den Service auf die Erwartun- gen der Unternehmen an ihre IT hinsichtlich Ausfallsicherheit bzw. „Zero Outage" und Sicherheit in der Cloud.

Was nicht in die Cloud und an Anbieter wie T-Systems delegiert werden kann, ist die Verantwortung für den eigenen Geschäftserfolg. Der B2P-Nutzer der Zukunft kann die Verantwortung für den eigenen Umgang mit den Daten ebenso wenig delegieren, wie es Alibaba oder Facebook können. Wenn wir uns das klar machen, werden wir auch 99,999

Prozent als Bereitstellungszeit akzeptieren und die 0,001 Prozent Ausfallzeit ohne zu lamentieren hinnehmen.

11.6   Fazit

Die Cloud ist wie die Erfindung des Buchdruckes. Plötzlich haben alle Menschen Zugang zum Wissen der Welt, aber um erfolgreich zu sein, muss man lesen (und verstehen) können. „Zero Outage" von T-Systems ist – um in diesem Bild zu bleiben – nicht der Deutschlehrer, sondern der Buchhändler des Vertrauens. Doch ohne den eigenen (Unternehmens-)Kopf geht es nicht. Mensch sein heißt, Fehler zu machen und aus ihnen zu lernen, um besser zu werden.

Autor

Michael Weppler ist Bereichsvorstand Systeme beim TÜV Rheinland, einem der weltweit führenden Prüfunternehmen. Er verantwortet damit das weltweite Geschäft mit Managementzertifizierungen und einen Umsatz von mehr als 150 Millionen Euro. Der 50-jährige Michael Weppler wurde in Frankenthal geboren und studierte nach seiner Ausbildung zum Biologielaboranten bei der BASF an der Fachhochschule des Landes Rheinland-Pfalz Verfahrenstechnik mit dem Studiengang Biotechnologie. Sein Weg beim TÜV Rheinland begann Ende der neunziger Jahre im Geschäftsbereich Mobilität, wo er verschiedene Leitungsfunktionen hatte, bevor er 2012 zum Bereichsvorstand Systeme berufen wurde. Der Geschäftsbereich Systeme bewertet Managementsysteme, IT-Prozesse und ganze Unternehmen nach international anerkannten Standards oder nach individuellen Leistungskriterien. Als unabhängiger Dritter bestätigen die Spezialisten den Unternehmen, dass sie zuvor definierte Standards systematisch dauerhaft umsetzen und einhalten.

Fazit und Ausblick

Ferri Abolhassan

Was treibt nun die Digitalisierung und warum führt an der Cloud kein Weg vorbei? Die Analyse renommierter und erfahrener Branchen-, Wirtschafts- und Medienvertreter in diesem Buch zeigt: Die Digitalisierung verändert das Business mit ihrer disruptiven Kraft von Grund auf. Viele ehemals analoge Geschäftsmodelle und -prozesse werden durch digitale Konzepte abgelöst. Die Transformation betrifft längst alle Bereiche – von Verlagen und der Musikindustrie über den Handel bis hin zu Produktion und Logistik (vgl. Kempf, Bitkom 2014).

Die Musikindustrie gehorcht mittlerweile dank Streaming & Co. völlig neuen Regeln. Auch die Erfolgsgeschichte von Uber ist ein gutes Beispiel dafür, wie eine ganze Branche – in diesem Fall das Taxigewerbe – aktuell eine Art digitalen Tsunami hautnah erlebt. Taxiunternehmen versuchen, ihre angestammten Claims mit formalen und juristischen Mitteln zu verteidigen. Doch wer heute in Sachen Digitalisierung mitspielen will, braucht eine Vorwärtsstrategie.

Egal ob es um Apps geht, die Millionen Anwender gleichzeitig nutzen, oder um eine bessere medizinische Versorgung dank intelligenter Pillen, um mobile Anwendungen, die Echtzeitinformationen für den sicherheitskritischen Einsatz bereitstellen, oder um die Überwindung lokaler IT-Hürden, damit Mitarbeiter über Landesgrenzen hinweg effizient zusammenarbeiten können: All dies funktioniert nur in der Cloud. Nur sie kann die unendlichen Datenmengen, die durch das Internet of Things generiert werden, zentral sammeln, speichern und mithilfe von Big-Data-Technologien auswertbar machen. Damit wird sie zum Schlüsselfaktor für digitalisierte Unternehmen, Prozesse und Produkte der Zukunft. Sie bringt die notwendige Geschwindigkeit, Intelligenz und Flexibilität und hält die nötige Kapazität und Skalierbarkeit vor. Dabei lassen sich die steigende Komplexität und der Umfang der Transformation nur mit einer langjährigen und hoch entwickelten Technologie- und Beratungskompetenz bewältigen. Hier sind Spezialisten gefragt. Denn es braucht Erfahrung, um beispielsweise die gesamte Legacy-Infrastruktur in die Cloud zu heben. Dies ist kein Spaziergang, sondern gleicht eher einer Operation am offenen Herzen.

Das vorliegende Werk geht genau auf diese Herausforderung ein und zeigt gleichzeitig die Chancen der Digitalisierung. Es bietet eine umfassende 360°-Sicht auf die gesamte Thematik – von den organisatorischen und technologischen Grundlagen über Anforderungen in Bereichen wie Sicherheit, Qualität und Standardisierung bis hin zu greifbaren Praxis-beispielen. CIOs und IT-Leiter, aber auch CEOs erhalten einen praxisnahen Leitfaden für die dringend notwendige Transformation ihres Unternehmens bzw. die Optimierung ihrer digitalen Geschäftsmodelle.

Die Weichen sind damit gestellt und die Richtung ist klar vorgegeben. Wohin die Fahrt geht, zeigen drei zentrale Thesen, die die künftige Entwicklung charakterisieren:

12.1   Cloud ist Normalität und der Markt wächst

Die Beispiele aus den vorangegangenen Kapiteln haben gezeigt, dass die Cloud zu einem festen Bestandteil der Normalität in beiden Welten geworden ist – bei Endverbrauchern und in der professionellen Business-Welt gleichermaßen. Ohne die Cloud sind viele Busi-ness- und Endverbraucheranwendungen sowie Geschäftsprozesse mittlerweile überhaupt nicht mehr vorstellbar. Von der Leistung der Cloud und den Möglichkeiten, die sie durch ihre Flexibilität und Skalierbarkeit bietet, können alle Branchen profitieren. Die in diesem Buch dargestellten Beispiele verdeutlichen dies auf eindrucksvolle Weise. Dieser Trend wird sich fortsetzen. Die Signifikanz der Cloud wird für die Business- und die Consumer-welt in Zukunft weiter zunehmen.

Waren die heute existierenden Technologien und Anwendungen vor zehn Jahren noch nicht einmal denkbar, hat die Innovationskraft der Cloud mittlerweile ganze Industrien verändert oder neu geschaffen. Wohin der Trend geht, wie schnell die Entwicklung voran-schreitet und welche Innovationen künftig die Gesellschaft prägen werden, ist Spekulation. Fest steht aber: Die Bedeutung von Cloud und Digitalisierung steigt branchenübergreifend weiter. Allein in der ITK-Industrie ist der Fortschritt enorm. Sieben von zehn ITK-Unter-nehmen (71 Prozent) setzen aktuell (Stand 2015) Cloud-Lösungen ein (vgl. Bitkom 2015). Das entspricht einem Wachstum von sieben Prozent im Vergleich zum Vorjahr. Und auch klassische Branchen wie die Automobilindustrie, Banken und Versicherungen oder Che-mie und Pharma haben zugelegt. Dieser Trend wird sich in den kommenden Jahren weiter fortsetzen und dazu beitragen, dass der Markt und die Einsatzmöglichkeiten von Cloud-Lösungen weiter wachsen.

12.2   Die Cloud ist und bleibt Kooperationsthema

Die Entwicklungen zeigen noch etwas Wesentliches: Ohne Partner geht es nicht. Der Markt erlebt nicht nur einen stetigen Aufwärtstrend, er ist vor allem sehr dynamisch. Da-mit die Kunden tatsächlich von mehr Qualität, Flexibilität und Effizienz in ihrem rasanten Tagesgeschäft profitieren können und auch die Herausforderungen von morgen erfolg-reich bewältigen, benötigen sie die entsprechende Expertise und den richtigen Partner. Die Transformation in die Cloud bzw. die Digitalisierung erfordert Technologie und Kompe-tenz sowie die entsprechende Manpower für die Bereitstellung der überaus komplexen Lö-sungen und Dienste. Zehntausende Mitarbeiter oder Tausende von Applikationen transformiert man beispielsweise nicht mal so nebenbei in die Cloud. Hier ist die Unterstützung von Spezialisten gefragt. Es braucht Experten, die über jahrelange Erfahrung in der Digitalisierung und in der Optimierung von Geschäftsprozessen verfügen. Und die auch um die technischen Anforderungen und Realisierungsmöglichkeiten wissen. Und auch diese Partner verlassen sich wiederum auf ein ganzes Partner-Ökosystem – unter anderem aus Hard- und Softwarezulieferern. Technologien verändern sich heute so rasend schnell und es braucht ein veritables Wertschöpfungsnetzwerk, um Unternehmen sicher und zuverlässig zu transformieren.

12.3   Die Cloud muss einfach, sicher und bezahlbar sein

Unabhängig davon, wo Unternehmen in ihrer individuellen digitalen Transformation stehen, es geht immer um die Beantwortung einiger zentraler Fragen: Welche Anforderungen muss die Cloud im eigenen Unternehmen erfüllen? Wo schafft sie Business-Nutzen, Wettbewerbsvorteile oder auch eine höhere Kundenbindung? Wie kann Cloud-Technologie Effizienz und Einsparung erhöhen? Daran schließt sich die Frage nach der richtigen Cloud-Form an: Benötigt man eine Public, Private oder Hybrid Cloud? IT-Chefs unterscheiden dabei zunehmend zwischen commodity IT und non-commodity IT. Dabei geht es auch um Fragestellungen wie: Welche Geschäftsprozesse beinhalten datenschutzkritische Workflows oder Informationen und erfordern besondere Aufmerksamkeit in puncto Sicherheit und Qualität? Oder: Wie können Einfachheit und Service für den Endkunden beispielsweise in einer schicken und schlanken App unter gleichzeitiger Gewährleistung der Sicherheit von Kundendaten realisiert werden?

Egal zu welcher Schlussfolgerung jedes einzelne Unternehmen kommt, sicher ist, dass die Cloud heute und in Zukunft neben maximaler Skalierbarkeit und Performanz drei Kriterien erfüllen muss: Sie muss einfach, sicher und bezahlbar sein – für Großunternehmen genauso wie für kleine und mittelständische Unternehmen sowie für Endkunden.

Hinzu kommt, dass sich die Technologien auch parallel weiterentwickeln müssen, um allen Anforderungen künftig noch besser entsprechen zu können. Ein erster Schritt in Richtung integrierter Lösungen sind unter anderem Software Defined Datacenter, die Nutzern IT-as-a-Service per Knopfdruck bieten – natürlich unter den Voraussetzungen Ausfallsicherheit, maximale Verfügbarkeit und Datenschutz. Und Effizienz – deswegen werden auch Standardisierung und Automatisierung weiter zunehmen.

Der Blick auf den aktuellen Status quo und die künftige Entwicklung zeigt, dass Cloud ein zentrales Thema ist, an dem Unternehmen aller Branchen nicht mehr vorbeikommen. Dennoch haben rund 25 Prozent der deutschen IT-Entscheider die Cloud noch nicht auf ihrer Agenda (vgl. Büst 2015). Dieses Buch bietet wertvolle Ansatzpunkte und Grundlagen, um sich strukturiert mit den vor ihnen liegenden Aufgaben auseinanderzusetzen und erfolgreich in die Zukunft zu gehen. Der erste Schritt ist gemacht. Nun ist es an den Verantwortlichen, die nächsten Etappen in eine profitable Zukunft zu beschreiten.

Literatur

Bitkom 2015. „Cloud-Monitor 2015" von Bitkom Research und Bitkom im Auftrag von KPMG, https://www.bitkom.org/Presse/Presseinformation/7-von-10-IT-Unternehmen-setzen-auf-Cloud-Technologien.html. Zugegriffen: 19. August 2015.

Büst, René; Crisp Research (2015): „Cloud-Market Update 2015: Wolkig mit Aussichten auf digitale Unternehmen", http://www.crisp-research.com/cloud-market-update-2015-wolkig-mit-aussichten-auf-digitale-unternehmen/. Zugegriffen: 9. November 2015.

Kempf, Prof. D.; Bitkom 2014. https://www.bitkom.org/Bitkom/Blog/Blog-Seiten_1780. html. Zugegriffen: 8. September 2015.